D1167323

A Borboleta em Você

MILT RODRIGUEZ

A Borboleta em Você

DESCOBRINDO A SUA VERDADEIRA IDENTIDADE EM CRISTO

THE BUTTERFLY IN YOU

Copyright ©2008 Milt Rodriguez
Publicado em Inglês por The Rebuilders
www.therebuilders.org

A BORBOLETA EM VOCÊ

Copyright ©2010 Editora Restauração
www.editorarestauracao.com.br

Tradução:
João Alfredo

Revisão:
Délcio Meireles

Diagramação e capa:
Rita Motta – Ed. Tribo da Ilha

*Todas as citações bíblicas foram extraídas da Versão
Revisada e Atualizada de João Ferreira de Almeida.*

Sumário

Reconhecimento 7
Dedicação 9
Prefácio 11
Introdução 13

A LAGARTA

Fred a Lagarta 19
A Necessidade da Descoberta 23
Escolhido Antes da Criação 28
O Novo Nascimento 34
O Novo Você 41
A Plenitude de Cristo 50
Preparando Para a Crisálida (Casulo) 57
O Segredo da Metamorfose 62

O CASULO

O Ambiente de Vida do Casulo 69
O Alimento do Casulo 75

A Comunidade Prática 82
O Cristo Total 90
A Piscina da Morte 97
Aprendendo a Cristo..104

A BORBOLETA

Virando Pelo Avesso...113
A Nossa Filiação em Cristo 119
O Reino...126
Figuras da Nova Criação 132
Conclusão 135
Borboleta: Voa Para a Liberdade...........................138

Reconhecimento

á várias pessoas que contribuíram para a formação de algumas idéias e pensamentos deste livro. Todas elas tiveram uma influência decisiva no desenvolvimento de algumas das minhas compreensões: T. Austin Sparks, Watchman Nee, Gene Edwards, Bill Freeman, Frank Viola e Chris Pridham. Todos eles tiveram uma grande uma grande influência na história da "Borboleta".

Gostaria também de exprimir a minha gratidão de coração àqueles que contribuíram para a produção do próprio livro. Agradeço à minha bela esposa por todo o seu trabalho de digitação do manuscrito. Agradeço a Mike Biggerstaff, Jon Zens e Frank Viola por seus comentários e edição do manuscrito. Também fico realmente grato pela arte final feita por Marietta Welter na capa, bem como pela contribuição de Te-Ata Mueller, Bea Stevens e Linda Graff na arte final que está exposta dentro do livro.

Dedicação

Este livro é dedicado a uma pessoa muito querida para mim. Ela ajudou-me a começar e a continuar na viagem do descobrimento da minha identidade em Cristo. E agora tenho o privilégio de ajudá-la a fazer o mesmo. Este livro é dedicado a Nohemi Rodriguez. Agradecimentos, Mamãe!

Prefácio

A vida cristã vitoriosa. O que é ela? Podemos alcançá-la nesta vida? Muitos mestres cristãos dizem "sim", mas ela só pode ser alcançada através de muito esforço (dizem eles). Eles ensinam que a vida cristã é um processo em direção à vitória.

Este foi o ensinamento que eu tive que aprender como um crente jovem. Ele gotejava em quase todo sermão que ouvia e em cada livro que lia. "Procure se esforçar mais e finalmente você experimentará a vida cristã vitoriosa".

Como milhões de outros cristãos, eu descobri que esse ensinamento é provado e não alcançado. Ainda preciso encontrar um cristão que provou ser ele verdadeiro em sua própria vida. E em minha observação, aqueles que se apegam a ele ainda estão se esforçando mais e esperando pelo dia quando alcançarão aquele tão desejado, mas ilusório estado vitorioso.

Para mim, a falha principal neste ensinamento é que ele começa com uma premissa incorreta. A vida cristã não é uma questão de labuta *em direção* à vitória através de empenho e trabalho penoso. Pelo contrário, a vida cristã é uma questão de se tornar quem você já é. É uma labuta *a partir* da vitória e não para a vitória.

Milt Rodriguez esclareceu este próprio conceito no livro *A Borboleta Em Você*. Escrito em um estilo altamente casual e coloquial, Milt tenta apresentar a verdadeira identidade do crente segundo a visão de Deus.

Se você for um cristão que quer saber qual é a opinião de Deus sobre você, ou se você é atormentado por um complexo de culpa, ou se você esteve tentando em vão alcançar a vida cristã vitoriosa, então este livro pode ser o remédio certo para curar o seu coração atormentado. Ele tem o potencial para colocá-lo em uma rota diferente, uma rota onde você não mais se esforça em direção à vitória, mas começa a viver a partir dela.

Frank Viola
(*Autor dos livros A História Não-Contada
da Igreja do Novo Testamento*[1]*, Cristianismo
Pagão*[2] *e Reimaginando a Igreja*[3])
Gainesville, Flórida, USA.

---

[1] Publicado no Brasil por esta Editora
[2] Publicado no Brasil pela Editora Abba Press
[3] Publicado no Brasil pela Editora Palavra

A Borboleta em Você

Introdução

O ro para que este livro seja usado pelo Senhor como um instrumento de revelação. Este "instrumento" é apenas uma das sementes ao longo da viagem do seu descobrimento da sua verdadeira identidade. Esta é a principal necessidade entre os crentes de nossos dias. Simplesmente não sabemos quem somos. Há uma grande "crise de identidade" entre aqueles que professam conhecer Jesus Cristo.

Presentemente sabemos que as pessoas em todo o mundo têm falado de uma "crise de identidade" por muitos anos. Universalmente falando, temos uma necessidade de saber quem nós somos. Por que existo? Qual é o propósito da minha vida? Por que nasci? Essas são perguntas que têm sido feitas tanto por descrentes *como* por crentes. Recentemente verifiquei os dez melhores livros mais vendidos na Amazon.com, e oito dos dez eram sobre o propósito da nossa vida. A tragédia consiste em que os crentes de fato têm as respostas, mas nem mesmo a conhecem!

Creio firmemente que uma pessoa não pode descobrir a sua verdadeira identidade à parte de Jesus Cristo. Uma vez que você O tem, você deve saber quem você é. E, contudo, os cristãos *ainda* não sabem quem eles são! Esta é a nossa atual e triste situação. Mas por que isso é assim? E como isso pode ser corrigido?

A Fé Vem pelo Ouvir

O primeiro passo é crer no que somos ao invés dos erros que aceitamos. Agora mesmo, cremos em nossa *falsa* identidade por causa das mentiras que nos disseram. Ouvimos mentiras e nelas fundamentamos a nossa fé. Colocamos a nossa fé em mentiras.

O fato é que você foi enganado pelo Diabo, pelo sistema do mundo, pelo sistema religioso, por aqueles em sua volta que não conhecem nada melhor, e por você mesmo. Primeiro você deve *ouvir* a verdade, e então a verdade o libertará. Mas você também deve *crer* na verdade – e é nisso que está o problema. Alguns de nós tivemos um tempo difícil ao crer na verdade sobre nós mesmos. Mas ainda precisamos ouvi-la antes que possamos crer nela. A fé vem pelo ouvir.

É por isso que escrevi este livro. Alguém precisa dizer a você a verdade sobre a sua identidade. Mas tudo o que fiz neste livro foi pegar as Escrituras sobre a sua identidade e as colocar em minhas próprias palavras. Certamente não inventei este material.

Mas o problema é que normalmente lemos a Bíblia com o "filtro" dos nossos óculos. Se o nosso filtro for condenação, então quando lemos a Escritura nos sentimos condenados porque não estamos nos medindo com o padrão sagrado de Deus. Lemos o Sermão do Monte e somos condenados porque não vivemos daquela forma. O que isso me diz de mim mesmo? Que sou um miserável e fracassado cristão porque não posso viver conforme aquele estilo de vida. Assim a leitura das Escrituras somente me lembra que miserável e fracassado pecador eu sou. E por que eu iria querer fazer isso? Mas se não leio a Bíblia, então também sou condenado porque todo o mundo sabe que para ser um bom cristão devemos conhecer a Palavra de Deus! Assim sou condenado de ambas as formas.

Muitos crentes se encontram presos neste ciclo interminável de condenação e fracasso. Mas obviamente o problema não é com a Escritura, mas antes com o nosso entendimento do que a Escritura está dizendo.

A sua única saída é ouvindo a Verdade. Jesus Cristo, Ele mesmo, é a Verdade.

Colocando de forma simples, você tem que ouvi-Lo.

Você vê, a sua verdadeira identidade está inseparavelmente entrelaçada em Jesus Cristo. Em outras palavras, Ele *é* a sua identidade! Você nunca poderá saber quem realmente você é sem conhecê-Lo. Descubra a identidade *Dele* e você descobrirá a sua própria.

É assim que será o meu método de ação neste livro. Começo mostrando a você a identidade do seu Senhor. Em assim fazendo, a minha esperança é que você descubra a sua própria e verdadeira identidade Nele. Que você possa ter a descoberta que transforma a vida.

PARTE UM

A Lagarta

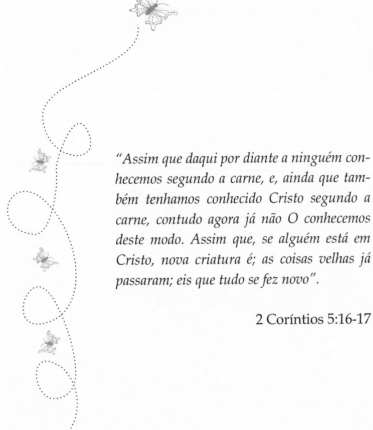

"Assim que daqui por diante a ninguém conhecemos segundo a carne, e, ainda que também tenhamos conhecido Cristo segundo a carne, contudo agora já não O conhecemos deste modo. Assim que, se alguém está em Cristo, nova criatura é; as coisas velhas já passaram; eis que tudo se fez novo".

2 Coríntios 5:16-17

Fred a Lagarta

O lá.

"O meu nome é Fred. Acontece que sou um verme.

"Não, quero dizer isto um tanto literalmente.

"Sou um invertebrado, um verme. Nasci desta forma há muito tempo.

"Isso é o que sou.

"Sou um verme. Sou Fred ... o verme.

"Venho de uma longa linhagem de vermes. Os meus pais eram vermes, e os pais deles, e os pais dos pais deles.

"Esse é o meu destino.

"Essa é a minha sorte na vida.

"Eu nunca soube de nada mais.

"Um dia enquanto eu rastejava através das ervas daninhas, saqueando algumas folhas para comer, tive um pensamento que nunca tinha tido antes. Esta foi a primeira vez. Ter um novo pensamento... uau! Nós vermes simplesmente não fazemos isso. O muito que fazemos é ficar confinados dentro do mundo dos vermes e nunca pensar além da pequena porção de ervas daninhas, se é você entende o que quero dizer.

"Mas aqui estava... um novo pensamento. A minha pequena mente estava grávida dele. Imagine se eu pudesse fazer algo que nunca tinha feito antes. Se eu pudesse esticar o meu longo corpo rebolante e de fato levantar a minha cabeça para cima da terra. Como eu me sentiria? O que eu veria? Esse foi um pensamento assustador.

"Pelo que eu saiba nenhum verme jamais tinha feito isto antes, nem mesmo tinha pensado nisso! Mas aqui estava eu, pensando no inimaginável. "Por isso então, decidi que iria de fato prosseguir até o fim com este pensamento. Iria me esticar e levantar a minha cabeça acima da terra.

"Encontrei um pedaço de ervas daninhas abandonado que tinha sido comido. Não havia ninguém por perto e era o lugar perfeito. Portanto comecei o longo processo de puxar os músculos em toda parte do meu longo corpo para reunir forças para levantar a minha cabeça. Minha cabeça foi para cima e para cima até que eu vi algo tão belo que quase não pude acreditar em meus pequenos olhos estrábicos.

"O que vi parecia ser uma manta maciça azul se estendendo por cima e em volta do velho pedaço de ervas daninhas. Parecia, por um momento, que o azul continuava para sempre. Mas isso, naturalmente, é impossível, porque nada continua para sempre. Todo verme sabe disso!

"Bem, daquele dia em diante eu estava numa missão. Tinha que descobrir o que era aquele material azul porque foi a coisa mais bela que eu já tinha visto na minha vida.

"Rastejei até o pedaço seguinte de ervas daninhas e fiz perguntas por lá. Mas ninguém sabia nada. Na verdade, eles agiram como se eu estivesse louco só por perguntar. Você sabe, nós vermes cuidamos muito da nossa própria vida. Somos particularmente muito ocupados e racionais para pensar em tais idéias loucas. Quero dizer, antes de tudo, que temos de encontrar o nosso próximo pedaço de ervas daninha para nos alimentarmos. Mantemos os nossos narizes na terra para que não percamos nenhuma folha que possa nos alimentar na próxima semana ou mais. Ninguém jamais se esticou como fiz naquele dia. Não há nenhum tempo para isso. Por isso posso entender por que os outros vermes me olharam esquisito.

"Mas eu sei o que vi. E tinha justamente que descobrir sobre o material azul. Não sei por que.

"Então voltei ao meu pedaço de erva daninha e decidi perguntar ao velho verme sábio. Seguramente ele saberia. Ele disse-me que o material azul era chamado de "Acima", mas que era apenas uma lenda e ninguém de fato jamais tinha provado a sua existência. De acordo com a lenda, o 'Acima' era um belo lugar – maravilhoso além da imaginação. Ele não tinha fim. E lá existia uma raça de criaturas que podia de fato viver e se mover no Grande Azul Acima. Mas era apenas uma lenda – matéria de sonhos e imaginações super ativas.

"Não obstante... eu sabia o que tinha visto. E algo dentro de mim me levava a descobrir mais. Sabia o que tinha que fazer. Tinha que me esticar novamente. Mas desta vez, eu iria me estender muito mais, tanto quanto pudesse para que pudesse ver mais do Grande Azul Acima.

"Assim comecei a me esticar, mais, mais e mais. Então a minha cabeça virou e pude vê-lo: o Grande Azul Acima. Era maravilhoso! E realmente parecia não ter fim. Não pude tirar os meus olhos dele, ainda que o estiramento se tornasse mais difícil.

"Então, de repente, vi algo se mover no Grande Azul Acima. Parecia algo vivo, mas estava justamente fora da minha visão agora. Então me estiquei ainda mais para ver esta maravilha e quando o fiz, os meus olhos observaram a criatura mais bela que jamais tinha visto. Estava coberta de cores brilhantes e estava fazendo uma espécie de movimento tremulante. Era muito fascinante de olhar.

"Então, repentinamente, ele parou de se mover e descansou em uma folha de grama. Agora pude ver a sua

beleza melhor... uau! Que criatura! As lendas são todas verdadeiras! Então um pensamento entrou em minha mente e
eu não tinha como evitar. Eu precisava fazer isso; precisava
falar com ele.

"O que *é* você?" Perguntei.

"Ele virou a sua cabeça para baixo e observou a minha forma. 'Sou um Voador', disse ele. 'Sim, vivo no Grande
Azul Acima'.

"Então pensei comigo: 'Esta é uma criatura perfeita
para viver no Grande Azul Acima. Uma criatura gloriosa
para um lugar glorioso'. E então pensei: 'Bem, o que isso
tem a ver comigo? '

"Então, como se ele lesse os meus pensamentos, o
Voador falou novamente. 'Fred, este é o lugar ao qual você
pertence'.

'O que? Sobre o que você está *falando*?'

"'Fred, você tem o coração de um Voador. De fato, a
Semente da Vida de Voador foi colocada dentro de você.
Você *é* um Voador!'

"Meu coração pulou dentro de mim ao ouvir essas
palavras. Seria? Perguntei-me. Seria verdade? Algo dentro
de mim ficou muito estimulado diante da possibilidade.

"Mas então percebi...

"Espere um minuto, sou apenas um verme. Nasci
um verme e sempre serei um verme. Que Voador estúpi-
do. Ele não sabe nada. E, além disso, este estiramento está
começando a me incomodar. Os Vermes nunca foram des-
tinados a se esticar.

"Tenho de regressar ao meu pedaço de ervas daninhas e surrupiar algumas folhas".

Fred retornou com tristeza à ocupação habitual. Ele
mal sabia que não era um verme de modo nenhum.

Ele era uma lagarta.

A Necessidade da Descoberta

ós crentes de hoje parecemos muito com o nosso pequeno amigo, Fred o Verme. Temos muitos conceitos errados a respeito de onde viemos, o que temos, e para onde estamos indo. Contudo, estas três coisas são essenciais que saibamos para que descubramos quem somos. Jesus conhecia estas três coisas, e por isso estava seguro sobre Sua própria identidade.

> *Jesus, sabendo que o Pai tinha depositado em suas mãos todas as coisas, e que havia saído de Deus e ia para Deus, levantou-se da ceia, tirou as vestes, e, tomando uma toalha, cingiu-se.* (Jo 13:3, 4).

O Senhor pôde humilhar-se e lavar os pés dos discípulos porque sabia quem Ele era. Ele sabia que o Pai havia Lhe dado todas as coisas. Ele sabia que Deus era a Sua origem e que Deus era o Seu destino. Estes "conhecimentos" deram a Ele o fundamento da Sua própria identidade. Esta identidade não era baseada nas aparências externas ou circunstâncias. Era baseada somente nos fatos estabelecidos dentro do próprio Deus vivo.

Fred o verme só podia ver as coisas de uma perspectiva externa. Ele pensava que vinha de uma longa linhagem de vermes e que o seu destino era comer folhas e pensar em seus próprios negócios. Não ousava nem mesmo pensar nada mais. Ele era uma criatura que estava presa em seu próprio modo de pensar; era um prisioneiro do seu próprio sistema de crença e padrões de pensamento. A sua ação de "esticar" acima daquelas coisas foi um ato inacreditavelmente corajoso.

A Nossa Mentalidade Atual

Creio que esta é uma figura da nossa situação entre os crentes de hoje. A maior parte de nós não ousaria questionar o estado atual ou sacudir qualquer barco religioso. Apenas prosseguimos com a nossa ocupação diária e nunca nos incomodamos em nos "esticar" para descobrir um mundo inteiramente novo.

O nosso pequeno amigo, Fred, mantinha o seu nariz na terra e permanecia no modo de sobrevivência. Ele precisava fazer a provisão de alimentos para a próxima semana (as ervas daninhas). É dessa forma que os vermes vivem. E Fred de fato comprou a mentira de que era apenas um verme.

Que tal você, querido leitor? Que mentiras você comprou? No jardim do Éden a serpente perpetrou uma mentira em Eva. Não foi uma mentira completa. Isso seria demasiadamente óbvio. Foi uma insinuação. Esta insinuação foi para lançar dúvida sobre o que Deus tinha feito. Ela disse: "Você será como Deus". Contudo, Eva (e Adão) já tinha sido criada na imagem de Deus. Eles já se pareciam com Deus.

Mas porque o Diabo disse que ela podia ser como Deus, ele colocou a dúvida em sua mente de que já se parecesse com Ele. Você vê a estratégia do provocador? Ele atacou a identidade dela e questionou quem ela era a fim de que ela aceitasse uma posição inferior. Depois a levaria a receber uma mentira que mais tarde teria que ser abandonada. Em outras palavras, ela não aceitou mais o fato da suficiência do que Deus havia feito. Para que ela se tornasse uma pessoa completa e fosse tudo o que deveria ser, agora tinha que fazer algo (comer do fruto) para obter a sua identidade. Ela estava tentando ser algo que já era.

Que engano. Tentar alcançar uma identidade e um estado de ser aquilo que você já é. O inimigo sabia que o ponto mais vulnerável dela era a sua identidade. E assim ele tem usado esta vulnerabilidade desde então.

Ouvindo o Evangelho

O nosso amigo Fred realmente acreditou na mentira de que era um verme. A sua porção na vida era apenas encontrar pedaços de ervas daninhas e comer. Ele continuou trabalhando arduamente e nunca questionou sua própria identidade. É exatamente isso que acontece com a maioria dos crentes hoje e o mesmo acontece com você e comigo.

Mas um dia Fred ousou pensar para além da caixa da religião organizada e teve uma epifania[4]. E se houvesse algo mais? E se eu *for* algo mais? Então ele viu o "Grande Azul Acima" e uma bela criatura que vivia ali. E então ouviu a proclamação do "Voador".

"Fred, isso é que você é!"

Interiormente, instintivamente, Fred sabia que era verdade. Esta era as Boas Novas. Este era o Evangelho. O que é um tanto irônico sobre tudo isso é que ele sabia que era verdade, mas não podia crer. Era muito mais fácil continuar crendo na mentira: "Sou apenas um verme".

Fred precisava desesperadamente conhecer a sua verdadeira identidade, mas se recusava a crer nela. Em

---

[4]   N.T. Manifestação divina.

primeiro lugar, era preciso ouvi-la de alguém. Depois ele teria que tomar a sua decisão.

Infelizmente, todos nós vivemos numa época em que a verdade sobre a nossa identidade não está sendo em absoluto proclamada. Podemos dizer que a nossa verdadeira identidade perdeu-se no silêncio. É uma identidade oculta que perdemos. Mas se não conhecermos a nossa verdadeira identidade e propósito, ficaremos vagueando sem saber para onde estamos indo.

A maior parte dos cristãos de hoje se encontra nesta condição. Por essa razão causamos pouco impacto visível e invisível sobre esta criação. Estamos apenas esperando pelo próximo ônibus (pedaço de ervas daninhas) para o céu e prosseguimos trabalhando arduamente. Ocupamo-nos com a nossa própria vida e a conservamos para nós mesmos. Mas Deus está tentando intervir. Há algo que precisamos desesperadamente ouvir.

O Evangelho.

Precisamos ouvir a verdade sobre quem é Cristo, quem somos nós, e qual é o propósito eterno de Deus. Esta é a boa nova.

Prezado crente, você não é um verme. O propósito da sua vida não é de trabalhar arduamente e apenas sobreviver. Você é muito mais do que isso. Estou aqui para dizer-lhe que você é um Voador. Você foi chamado para voar (e viver) nos céus.

Esta notícia deve despertá-lo da sua "condição de verme" e derrubá-lo da mentira para a realidade. Esta notícia deve surpreendê-lo e balançar o seu mundo. Mas acima de tudo:

Você precisa acreditar nesta maravilhosa notícia!

O primeiro passo no descobrimento da sua verdadeira identidade é saber de onde você veio. Fred não sabia de onde ele veio. Ele pensava que sua origem eram os vermes.

"Bendito o Deus e Pai de nosso Senhor Jesus Cristo, o qual nos abençoou com todas as bênçãos espirituais nos lugares celestiais em Cristo; como também nos elegeu nele antes da fundação do mundo, para que fôssemos santos e irrepreensíveis diante dele em amor".

Efésios 1:3, 4

Escolhido Antes da Criação

Você nunca foi escolhido para ser um verme. Um verme é uma criatura que rasteja sobre a terra sem pernas. Ele rasteja sobre seu ventre todos os seus dias. Parece-me mais uma serpente.

Um verme nunca se tornará algo mais além de um verme. Um verme nunca deixará a terra. Um verme não tem destino. Um verme não foi escolhido... foi amaldiçoado.

Segundo a carta escrita pelo apóstolo Paulo aos Efésios você e eu fomos escolhidos por Deus o Pai antes da fundação do mundo. Esta frase "antes da fundação do mundo" é usada várias vezes na Escritura e sempre significa "antes que houvesse alguma coisa". Antes da criação.

Você foi escolhido antes que houvesse qualquer coisa.

Você já pensou nisso antes? Antes de Deus criar, Ele escolheu você. Antes que o Pai criasse o reino invisível com todos os anjos e toda a glória deles... Ele escolheu você. Antes que Ele criasse o universo físico com todas as galáxias, sistemas solares, estrelas e planetas... Ele escolheu você. Antes que Ele criasse o céu e a terra, os peixes e os pássaros, a terra e o oceano, as plantas e os animais... Ele escolheu você.

Ele escolheu você antes de criar qualquer coisa.

Mas o que significa ser escolhido? Como e onde Ele escolheu você? A palavra "escolher" literalmente significa selecionar, separar, escolher a dedo. Mas o que havia ali para ser escolhido já que nada havia sido criado?

O pensamento por trás desta "escolha" é como se você fosse à seção de produtos de um armazém e "escolhesse" alguns melões. Você está *selecionando a dedo* os melões que você quer. Isso não é somente uma escolha mental ou virtual. Isso não é somente um plano para o futuro. Isso é uma escolha real. Deus, o Pai, de fato selecionou você e a mim a dedo. Mas do que ele nos selecionou? Para responder a esta pergunta devemos ver o lugar da Sua escolha.

Em Efésios Paulo revela o lugar específico de onde Deus nos escolheu. Mas espere um minuto. Nada tinha sido criado ainda. Como poderia haver algum lugar? Só podia haver um e aquele lugar não tinha sido criado.

O Pai nos escolheu dentro de seu Filho!

Ele nos escolheu dentro deste lugar maravilhoso, não criado e chamado de... "em Cristo". Este lugar é o Filho de Deus que vive eternamente. O Pai escolheu você a dedo dentro de seu Filho antes de haver qualquer coisa.

Isso responde à pergunta do *"onde"*; mas que tal a outra: *"de que"*? Em nossa pequena ilustração dos produtos foi dos melões. Mas o que está ali, dentro de Cristo? Agora imagine o Pai em pé dentro de Cristo. O que Ele vê? Só pode haver uma substância. É a vida divina do próprio Filho! A única coisa que o Pai vê em volta Dele é a vida vibrante, gloriosa e eterna do Filho de Deus. Esta é a Sua "área de escolha". Este é o Seu "produto" do qual Ele seleciona. Ele "separou" um pouco da vida do Filho e a manteve em reserva como uma semente. Esta é a parte da vida divina que seria colocada em você em algum momento. Paulo nos diz em 1 Coríntios 12:12 que somos membros ou 'partes' de Cristo. Essas partes foram escolhidas pelo Pai antes da criação.

Vida Eterna para Você

Eu vim para que tivésseis vida... (Jo 10:10).

A vida eterna é a vida de Deus, a vida divina. Ela
não é criada porque é o próprio Deus. Em essência, quando
Deus nos dá a Sua vida, está nos dando a Ele mesmo. Esta é
a parte da vida reservada para nós em Seu Filho.

O Pai escolheu você antes da criação. Ele escolheu a
dedo uma parte de Seu Filho e colocou o seu nome nela. Ela
foi "reservada" para você, por assim dizer. Então, Ele criou
todas as coisas. Ele criou o tempo e em algum momento,
você veio. Na ocasião da sua vida em que você se voltou a
Ele, foi quando Ele colocou aquela porção "reservada" de
Cristo em você.

A Idéia de Adoção de Deus

> E nos predestinou para filhos de adoção por
> Jesus Cristo, para si mesmo, segundo o bene-
> plácito de sua vontade, para louvor e glória da
> sua graça, pela qual nos fez agradáveis a si no
> Amado (Ef 1:5, 6).

Quando Deus escolheu você, aconteceu a sua adoção
como Seu filho através do Seu Filho, Jesus Cristo. Esta não
é uma adoção como a que conhecemos neste mundo. Você
não era uma criança abandonada que ninguém quis e que
Deus teve pena de você e, por isso, foi recebido por Ele. A
adoção de Deus não é desta forma em absoluto. Contudo,
Ele *escolheu* você para ser Seu próprio filho especial. Difer-
entemente da adoção natural, esta santa adoção inclui uma
escolha *real* e uma doação *real* de vida.

Na adoção natural, você escolhe uma criança que é
órfã, mas aquela criança nunca se torna realmente seu par-
ente de sangue. Não é assim com a adoção de Deus. Ele

escolheu você antes da criação selecionando a dedo uma porção da vida de Seu Filho. Em outras palavras, Ele escolheu você de dentro do Seu próprio reservatório de DNA. Este "reservatório" é Cristo.

É por isso que você pode clamar "Abba, Pai" e realmente crer nisso (Rm 8:15). É porque você tem o mesmo DNA de Deus, o Pai. Isso foi escolhido para você em Cristo antes da criação.

Isso não é maravilhoso? Que Deus nós temos!

Este Deus magnífico de fato parou tudo o que estava fazendo para dedicar tempo especial e se envolver em um evento muito especial:

A sua escolha.

Antes que houvesse qualquer coisa, Ele escolheu você. Você pode ver as Suas prioridades? Antes que Ele criasse qualquer coisa Ele quis estabelecer isto: quem e o que você é e qual seria o seu destino. Ele deixou tudo parado até que realizasse esta grande tarefa. O Pai "andou" pelo armazém da Sua vida contida dentro de Seu Filho. Então cuidadosamente escolheu uma parte daquela vida divina, eterna e com alegria separou aquela parte especial de Cristo que um dia seria colocada dentro de você.

> *Ele escolheu você em Cristo antes da fundação do mundo para que você fosse santo e sem culpa diante Dele* (Ef 1:4 [parafraseado]).

"Oi novamente. Sou Fred o verme. No dia em que nasci algo muito peculiar aconteceu. Esqueci completamente tudo. Nasci sem lembrança de nada. Na verdade, não posso nem mesmo me lembrar de ter ao menos nascido. Tenho que aceitar a palavra de outros para isso.

"Mas no dia em que nasci entrei neste mundo com uma espécie de amnésia total: eu me esqueci de onde eu vim, do que me foi dado e para onde estava sendo guiado. Eu esqueci completamente o que me aconteceu *antes* da criação. Esqueci totalmente que fui escolhido em Cristo durante a eternidade passada e que fui morto dentro do Cordeiro antes da criação (Hb 13:8).

"Mas agora estou começando a me lembrar de todas estas coisas e da coisa mais maravilhosa de todas: do meu lugar dentro do Deus vivo! Estou começando a me lembrar do lugar onde nenhuma palavra poderia descrever o fluir da vida, do amor e do sacrifício. Aquele lugar onde o amor de Deus é produzido e flui como um poderoso rio. Aquele lugar onde o Pai ama o Filho sem impedimento e o Filho em troca ama o Pai. Aquele lugar onde a vida e o amor são compartilhados no oceano divino do Espírito".

"Mas aquele que beber da água que eu lhe der
nunca terá sede, porque a água que eu lhe der
se fará nele uma fonte de água que salte para
a vida eterna".

João 4:14

O Novo Nascimento

le se passou sem anunciar que algo inacreditavelmente assombroso lhe aconteceu quando você veio a
Cristo. Você nasceu "de cima" ou nasceu de novo. Contudo,
nem a Escritura, nem a teologia, podem descrever completamente o que aconteceu dentro de você naquele momento.

Tentamos, do nosso jeito fraco, descrever e explicar o
que acontece no novo nascimento, mas isso realmente nunca está à altura da sua realidade. Como estamos falando
aqui sobre coisas divinas, eternas, é difícil nos intrometer
nelas. Sua regeneração foi o resultado de duas decisões: a
sua e a de Deus. Deus o escolheu antes da criação, e você
O escolheu no tempo e no espaço. Porque você se voltou a
Ele, Ele tomou aquela vida do Seu Filho que estava escol-
hida antes da criação e a colocou dentro de você.

Mas como Deus sabia que você O escolheria? Lembre-
se, Ele o escolheu antes da criação. Ele "selecionou a dedo"
uma determinada parte da vida do Seu Filho que seria a
Sua expressão única através de você. Isso significa que Ele
o predestinou? Sim, de forma determinada. Isto significa
que você não teve nenhuma escolha nessa questão? Não,
de modo algum. Você sempre tem o seu livre arbítrio que
é um dom de Deus e Ele nunca o tira.

Você percebe: Ele escolheu você porque você O escolheu. E você O escolheu porque Ele o escolheu. O nosso
Deus vive fora do tempo e do espaço. Ele não está limitado
por tais coisas. Ele vê o princípio, o fim e o meio, todos ao
mesmo tempo. As palavras "antes" e "depois" realmente

perdem seu significado na eternidade. Deus pode ver que você O escolheu *no* tempo e então decidir escolhê-lo *antes* que o tempo começasse. Naturalmente, isso tudo foi iniciado por Ele e Ele o atraiu a Ele pelo Seu espírito.

Houve um momento no tempo quando você deu a Ele a sua vida. Naquele mesmo momento, o Pai tomou aquela parte de Cristo que escolheu antes da criação e a colocou dentro de você. Naquele mesmo momento, você se tornou uma nova criação.

A Semente

Há muitos lugares na Escritura onde Cristo é referido, literalmente e figurativamente, como a Semente (Gn 1:11-12; Gn 3:15; Sl 89:4; Is 55:10; Mt 13:31; Gl 3:16; 1 Pe 1:23; 1 Jo 3:9). A vida de Cristo que o Pai escolheu antes da criação é colocada dentro de você na sua conversão. Esta vida da vida do Filho atua como uma semente dentro de você. Em outras palavras, o Pai colocou Seu próprio Filho dentro de você.

Cristo em vós, a esperança da glória... (Cl 1:27b).

Deus colocou a semente do Seu Filho dentro de você. É tão fácil para eu escrever essas palavras, contudo isso deve se tomar o palco central no seu coração, mente e espírito. Isso deve se tornar a revelação que altera a vida e que muda tudo para você.

"Cristo em vós".

Isso não pode ser apenas letra; deve ser vida e revelação para você. Se o Espírito Santo não torná-la real para você, ela será apenas uma doutrina morta. Não produzirá absolutamente nada.

A mim me parece que a maior parte dos crentes hoje não tem esta revelação. Para eles "Cristo em vós" é apenas uma doutrina. Sim, certamente, a Escritura ensina isso, e então concordamos com ela. Mas realmente cremos nisso? E quanto a você? Você crê de fato que o Filho de Deus vive dentro de você?

Houve uma ocasião na vida de Saulo de Tarso quando Deus o Pai revelou isso a ele:

> Mas, quando aprouve a Deus, que desde o ventre de minha mãe me separou, e me chamou pela sua graça, revelar seu Filho em mim, para que o pregasse entre os gentios... (Gl 1:15, 16a).

Mas, infelizmente, a maioria de nós se parece com Fred o verme. De fato cremos que somos vermes. Isso porque não sabemos que há uma semente de outra vida dentro de nós. Aquela semente faz toda a diferença entre um verme e uma lagarta. Um verme é apenas um verme. Ele sempre será um verme. Mas uma lagarta tem a semente da vida de uma borboleta dentro dela! Ela está destinada à grandeza por causa da vida que vive nela.

Querido, você não está destinado a rastejar em meio à sujeira procurando pedaços de ervas daninhas ao longo da sua vida. Você tem um destino maravilhoso e glorioso por causa da semente de vida que vive dentro de você.

A Localização da Semente

Saber que Cristo vive dentro de você é uma maravilhosa descoberta, mas ela precisa ir além. Em primeiro lugar, você precisa ter uma revelação de que Ele vive dentro de você e depois entender o que isso significa na prática. A semente do Deus vivo está vivendo dentro de você... Mas onde? O Pai depositou a semente do Seu Filho num lugar específico em seu ser. Esse lugar é o seu espírito. Você é um ser tripartite que é composto de espírito, alma e corpo.[5] O seu espírito é a sua parte mais íntima e foi dada a você para conter a vida de Deus.

A Semente é Espírito

> *Assim está também escrito: O primeiro homem, Adão, foi feito em alma vivente; o último Adão em espírito vivificante* (1 Co 15:45).

Após a ressurreição Jesus se tornou um espírito vivificante. Ele apareceu aos discípulos em um cenáculo fechado, soprou sobre eles, e disse: "Recebei o Espírito Santo" (Jo 20:22). Quando isso aconteceu, Cristo veio viver no espírito de cada um dos discípulos. Ele, como o espírito vivificante, entrou no espírito de cada discípulo por meio do Espírito Santo. A semente do Espírito foi plantada no espírito de cada discípulo naquela sala.

Agora se isso não foi suficientemente tremendo, algo ainda muito mais glorioso aconteceu! O Espírito que foi plantado em cada discípulo se tornou realmente um com o espírito do discípulo. Em outras palavras, quando a semente foi plantada em você, o Espírito se tornou um com o seu espírito (1 Co 6:17).

---

[5] Ver o livro deste autor: *The Temple Within* (O Templo Interior), o qual será publicado brevemente por esta editora.

Imagine encher um copo com água e então pingar três gotas de corante vermelho no copo. Como fica a cor da água? Vermelha. O líquido agora é água ou corante? Ele é um novo líquido que é uma combinação de ambos.

Você agora pode separar a água do corante vermelho? Não, eles são um. Existem agora dois líquidos no copo? Não, há apenas um. Isso é o que aconteceu quando o Espírito de Deus veio viver em seu espírito. Os dois se tornaram um. Você não pode separá-los. Agora não há nenhuma distinção entre o Espírito de Cristo e o seu espírito. Você se tornou um com Jesus Cristo.

Se isto não faz você vibrar, então é melhor verificar o seu pulso!

Ele realmente mudou a água em vinho. Ele fez você ser como Ele: alguém que tem tanto a vida humana *como* a vida divina.

O Nascimento de Cristo

Meus filhinhos, por quem de novo sinto as dores de parto, até que Cristo seja formado em vós... (Gl 4:19).

Podemos dizer que o seu espírito se parece com um ventre para Cristo. Assim como Maria de Nazaré teve Jesus vivendo fisicamente dentro dela, assim também Ele está dentro de você espiritualmente.

Ele está crescendo e amadurecendo dentro do seu espírito. O desejo de Deus é que Cristo cresça em você a ponto de permear o seu espírito, depois a sua alma e por fim o seu corpo. Ele é um com o seu espírito, mas Ele quer se expandir para a sua alma: mente, vontade e emoções.

Isso acontece pela sua escolha de viver pela vida Dele dentro de você e não por sua própria vida cada dia.

> *Já estou crucificado com Cristo; e vivo não mais eu, mas Cristo vive em mim; e a vida que agora vivo na carne, vivo-a na fé do Filho de Deus, o qual me amou, e se entregou a si mesmo por mim* (Gl 2:20).

Este Cristo que vive dentro de você deseja uma expressão visível. O Pai colocou a semente do Seu Filho dentro de você para que a Sua vida fosse manifestada e expandida por uma raça completamente nova.

Você é uma parte importante desta nova raça.

"Não posso ajudar a mim mesmo...
Do jeito que sou, sou mais prejudicial do que
bom para mim...
E não posso aceitar a mim mesmo...
Tão distante do lugar que quero estar.
Tu não ofereces ajuda...
Nem remotamente tens interesse... em me
tornar melhor
Mas Tu queres uma criação completamente
nova...
Isso requer a minha aniquilação
E Tu queres que a minha velha vida se renda
e morra para que Tu...
Para que Tu possas viver em mim".

Charlie Dodrill *New Creation* (Nova
Criação) do CD *Prologue of this Drama*
(Prólogo deste Drama)

O Novo Você

red era uma lagarta, não um verme. A aparência, a função e o propósito de uma lagarta são completamente diferentes de um verme. Mas a diferença mais importante é que a lagarta tem "conteúdos" inteiramente diferentes de um verme.

Muitos cristãos realmente crêem que são pecadores fracos e desprezíveis e estão aqui na terra para sobreviverem da melhor forma que puderem até que morram e partam para o "lar" no céu. Até mesmo ouvi crentes que, quando confrontados com a sua verdadeira identidade em Cristo, retrucam dizendo que a sua verdadeira identidade é: *Pecador!*

Pecador ou Santo?

Que tal você, caro leitor? Você também acredita que é um pecador? Bem, se assim o faz, estou aqui para provar que você está errado. Você *foi* um pecador, mas agora você é um *santo*.

> *Mas Deus prova o seu amor para conosco, em que Cristo morreu por nós, sendo nós ainda pecadores* (Rm 5:8).

Note a fraseologia nesta Escritura: "*sendo* nós ainda pecadores". Cristo morreu por nós *quando éramos* pecadores. Mas não somos mais pecadores. Fomos um dia. Isto é, quando Ele morreu por nós, quando estávamos ainda naquele estado. Mas agora somos diferentes. Agora estamos em um novo lugar. Agora estamos em Cristo e Cristo está em nós. Oh sim, é verdade que podemos pecar de vez em quando, mas não somos mais pecadores. Nós não temos mais uma natureza de pecado. Fomos libertados do poder do pecado. Agora podemos decidir pecar ou não pecar. Não somos mais escravos para pecar. O velho homem foi crucificado com Cristo. O pecado não tem mais nenhum poder sobre nós. Esta é a maravilhosa mensagem que Paulo nos deu em Romanos 5, 6, e 7.

Quando os Santos Entrarem Marchando

Bem, se você não é mais um pecador, então o que é você? Você é um separado! A Bíblia diz que você é um "santo". Pode ser difícil para você aceitar isso no início, mas esta é a verdade do Evangelho. Você não tem que ser "canonizado". Se você for um crente no Senhor Jesus Cristo, então já é um santo.

Mas você pode estar curioso a respeito de todas as coisas más que fez. Um santo não faria isso. Como pode ser isso? Deixe-me dizer-lhe o que é um santo e como é possível que você tenha se tornado um.

O termo "separado" literalmente significa 'um santo'. Mas o que significa ser um santo? O termo "santo" significa ser separado ou colocado à parte para Deus e para o Seu propósito. Tudo o que é santo não é mais comum, mas agora é "especial" no sentido de ser separado para Deus. Por causa do que Jesus consumou na cruz, você foi separado e colocado à parte para Deus. Você é propriedade Dele. Você é um santo. Não depende do que *você* faz e sim do que *Ele* já fez, isto é, algo chamado graça.

Graça ou Lei

> *Porque a lei foi dada por Moisés; a graça e a*
> *verdade vieram por Jesus Cristo* (Jo 1:17).

Muitos cristãos crêem que ainda são pecadores imundos e podres, e, por isso, têm que se arrepender a cada minuto de cada dia. Estes crentes ainda vivem sob uma montanha de culpa do seu passado. Eles não receberam plenamente a obra completa de Jesus Cristo a qual Ele consumou na cruz. De alguma forma eles crêem que a Sua obra na cruz é incompleta. Quando Ele disse: "Está consumado", só estava brincando. Agora, nós pecadores, devemos expiar os nossos próprios pecados nos arrependendo, arrependendo, arrependendo, *até o infinito*. Estes pobres cristãos ainda estão funcionando sob a Velha Aliança da lei de Moisés. Eles ainda estão vivendo em condenação e culpa.

> *Portanto, agora nenhuma condenação há*
> *para os que estão em Cristo Jesus, que não*
> *andam segundo a carne, mas segundo o Es-*
> *pírito* (Rm 8:1, 2).

Estes crentes nunca leram ou nunca entenderam a mensagem da carta aos Hebreus. No capítulo dez o escritor trata com esta questão do pecado (e sacrifícios pelo pecado, isto é, "arrependimento") de uma vez para sempre.

> *Porque com uma só oblação aperfeiçoou para*
> *sempre os que são santificados. E também o*
> *Espírito Santo no-lo testifica, porque depois*
> *de haver dito: Esta é a aliança que farei com*

*eles depois daqueles dias, diz o Senhor: Porei
as minhas leis em seus corações, e as escrev-
erei em seus entendimentos, acrescenta: E jamais me lembrarei de seus pecados e de suas
iniqüidades* (Hb 10:14 - 17).

O problema é que muito embora Deus tenha se es-
quecido dos nossos pecados, nós não os esquecemos.
Muitos não podem receber completamente o perdão de
Deus e assim sentem que têm que fazer algo para pagar
pelos seus próprios pecados. Perdoe-me. Este não é o método de Deus. Ele já fez toda a obra e pagou o preço dos
seus pecados. Você *está* perdoado. Você *está* limpo. Você *é*
santo. Não por causa da *sua* santidade, mas por causa da
santidade Dele. Agora Ele *é* a sua santidade.

Muitos cristãos ainda têm crido apenas no batismo
de João (o Batista), que é um batismo de arrependimento.
Eles não foram movidos para o batismo de Cristo. Paulo
encontrou com um grupo de crentes assim em Éfeso (ver
Atos 19:1-7). Não temos que nos apegar a João uma vez
que encontramos Jesus.

A Necessidade de Arrependimento

Agora, por favor, não me entendam mal. Não estou
dizendo que um cristão não precisa nunca se arrepender.
Na verdade, o termo "arrependimento" na língua original
significa "se voltar". Devemos estar constantemente nos
voltando para o Senhor. Há momentos em nossa vida quando
pecamos e nos afastamos do Senhor e definitivamente precisamos nos arrepender (voltar para Ele). Mas o foco *sempre*
deve ser Ele, não o pecado. Se estivermos sempre pensando
em não pecar, sabe o que faremos? Vamos pecar.

Queremos ver como Ele vê. E Ele nos vê como santos, irrepreensíveis e perfeitos (Ef 1:1-4).

É por isso que Paulo cumprimenta os crentes em várias igrejas usando o termo "santos" (Ver: 1 Co 1:2; 2 Co 1:1; Ef 1:1; Fp 1:1; Cl 1:2).

Os Dois Homens

Você precisa ser capaz de se ver do ponto de vista de Deus. A Sua perspectiva é realmente a única que conta. Você não concorda? Por isso a chave aqui é capturar a Sua perspectiva sobre a sua identidade.

Pelo que toca a Deus, há só dois homens em todo o universo. Estes dois homens são o primeiro Adão e o último Adão.

> *Assim está também escrito: O primeiro homem, Adão, foi feito em alma vivente; o último Adão em espírito vivificante* (1 Co 15:45).

Você nasceu originalmente no primeiro Adão. Fazia parte da raça de Adão. Você nasceu um pecador. Mas então recebeu a Cristo e foi transferido da 'velha' humanidade para a 'nova' humanidade. Você foi conduzido do primeiro Adão para o último Adão, que é Cristo. Agora você não tem mais nenhuma identidade com o primeiro Adão. A sua única identidade agora está em Cristo. Você é parte da "Nova Criação." É membro do "Novo Homem."

A sua identidade agora está baseada na identidade do novo homem, o último Adão, que é Cristo. Você agora está morto para o primeiro Adão. Não pode mais aceitar os pensamentos, sensações, atitudes, ações e estilo de vida da velha raça. Isso simplesmente não se ajusta a quem você é. E se tentar fazê-lo, simplesmente não funcionará porque você não pertence mais àquela raça. Contudo, tentamos fazê-lo, não é? Ainda cremos que a nossa identidade está baseada no primeiro Adão. Deixe-me fazer uma série de cinco perguntas para comprovar o meu ponto. Responda a cada uma delas o mais honestamente possível.

1) Você crê que a sua identidade é determinada pelo que você faz? O fazer determina o ser? A sua profissão define você? O que você faz todos os dias determina quem você é? Lembre-se da antiqüíssima pergunta: "O que você quer ser quando crescer?"

2) Você crê que a sua identidade é estabelecida pela sua relação com as outras pessoas? Você é uma mãe ou é um pai? Você é um marido ou é uma esposa? Essas relações definem quem você é? Alguma vez você ouviu falar da "síndrome do ninho vazio"? Isto é quando uma mulher (ou um homem) fica emocionalmente perturbada e deprimida porque os seus filhos cresceram e deixaram o lar. Toda a sua identidade era devotada aos seus filhos.

3) Você crê que a sua identidade lhe foi dada pelos seus pais? "Fiquei como a minha mãe!" é uma exclamação que as mulheres às vezes fazem. E os homens dizem: "Fiquei como o meu pai!" Você é a soma total de como você foi criado? A genética determina quem você é?

4) Você crê que as suas circunstâncias determinam a sua identidade? Você já foi ofendido e injuriado por outras pessoas, até por outros cristãos. Você atravessou algumas vezes dificuldades financeiras. Você perdeu três empregos e a sua esposa o deixou. Estas

circunstâncias são o que você é? Você é uma vítima desamparada do seu meio ambiente?

5) Você crê que a sua decisão determina a sua identidade? Você cometeu (possivelmente) muitos erros em sua vida. Isso significa que você é um fracasso? As suas escolhas determinam quem você é?

Não é verdade que a maior parte de nós deriva o nosso sentido de identidade de uma ou mais destas cinco áreas? Mas não se deixe enganar. Nenhuma dessas coisas define quem você é. Você agora é parte de "uma nova humanidade", o Último Adão. Toda a sua identidade vem desta nova posição.

A Obra-Prima

No capítulo dois de Efésios, Paulo nos dá uma maravilhosa descrição de como a nossa posição (e correspondente identidade) mudou completamente.

Sugiro que você leia Efésios 2 agora mesmo e então volte para este livro.

Você pode ver quem você *era? Estava* morto em suas transgressões e pecados. *Era* filho da desobediência. *Era* filho da ira. Você *estava* vivendo nas concupiscências da sua carne e se satisfazia nas concupiscências do corpo e da mente.

Mas Deus...

Vivificou você com Cristo.

Ressuscitou você com Cristo.

Assentou você nos lugares celestiais com Cristo.

Para que Ele pudesse mostrar (manifestar) as insondáveis riquezas da Sua graça em bondade para conosco em Cristo.

Pois você é a Sua obra-prima!

Criado para executar boas obras.

A palavra "obra-prima" no grego literalmente é *poiema* cujo significado é algo que foi feito à mão ou composto, como um poema. Esta é uma expressão artística da vida, natureza e caráter do artista.

É assim que Deus pode ter uma expressão visível do Seu amor, graça e misericórdia para mostrar a todos os que estão tanto no mundo visível como no invisível.

"A plenitude é o nosso estado permanente. A plenitude é a nossa situação real. Você não está em Cristo? O seu espírito não está entrelaçado e unido Àquele em quem habita corporalmente toda a plenitude da Divindade? Você não está bem agora mesmo unido a Cristo em seu espírito? Agora, com quem você se relacionará quando se levantar pela manhã? Irá se relacionar com você mesmo, com todos os pensamentos e sentimentos da vida da alma? Ou você irá se relacionar com a sua verdadeira vida?

Quando você se relaciona com Cristo, a sua verdadeira vida, você se relaciona com seu estado de plenitude".

Bill Freeman
All the Fullness (Toda a Plenitude)
The Christian (O Cristão) Vol. 14, n. 10

A Plenitude de Cristo

O qual é a imagem do Deus invisível, o primogênito de toda a criação; porque Nele foram criadas todas as coisas que há nos céus e na terra, visíveis e invisíveis, sejam tronos, sejam dominações, sejam principados, sejam potestades. Tudo foi criado por Ele e para Ele. E Ele é antes de todas as coisas, e todas as coisas subsistem por Ele. E Ele é a cabeça do corpo, da igreja. Ele é o Princípio e o Primogênito dentre os mortos, para que em tudo tenha a preeminência. Porque foi do agrado do Pai que toda a plenitude Nele habitasse (Cl 1:15-19).

A melhor forma para eu descrever-lhe a identidade que você tem em Cristo é descrevendo o seu maravilhoso Senhor. *Ele* é a sua verdadeira identidade. *Ele* é a sua verdadeira vida agora (Cl 3:4). Você não tem nenhuma outra vida agora exceto Cristo (Fp 1:21).

Peço que você relembre a nossa pequena história sobre Fred no início deste livro. Note que não foi dito a Fred que ele era um verme ou mesmo uma lagarta. Foi dito que ele era um Voador. Por quê? Certamente ele se parecia com um verme e rastejava na terra a procura de pedaços de ervas daninhas. Com certeza vivia a vida de um verme.

De modo semelhante ouvimos constantemente que somos vermes. Nossos amigos, familiares e a sociedade dizem que nascemos para rastejar na terra e nós também dizemos a mesma coisa. Este objeto voador é apenas uma lenda boba.

Mas não foi isso que o próprio Voador disse a Fred.

O Voador disse a Fred a verdade e Fred pôde ver a sua verdadeira identidade olhando para o Voador! É assim que você descobrirá a *sua* verdadeira identidade. Você deve olhar para Cristo e só então descobrirá quem você é. Vamos ter uma visão panorâmica deste maravilhoso Cristo.

A Conta Bancária do Pai

Quando tentamos descrever a plenitude de Cristo geralmente não conseguimos alcançar palavras adequadas. Esta é uma área que é infinitamente grande diante das limitações da língua. Por isso usarei a ilustração de uma conta de banco. Creio que quase todos nós sabemos o que é ter e dirigir uma conta bancária.

Vamos imaginar que Deus, o Pai, tenha Sua própria conta bancária. Esta conta bancária é o Seu Filho Primogênito, Jesus Cristo. O Pai esteve depositando (ou investindo) nesta conta por um longo tempo. Vamos dar uma olhada no que Ele depositou.

A Imagem de Deus

O que a Escritura quer dizer quando fala de Jesus Cristo como sendo a "imagem" de Deus? Uma imagem é uma representação de alguma coisa. Se eu tirar uma fotografia de alguém, então aquela foto é uma representação ou uma lembrança daquela pessoa. A foto não é a pessoa. Ela é simplesmente um sinal ou a semelhança daquela pessoa. Esta é a nossa idéia de uma imagem. Mas a idéia de Deus de uma imagem é muito mais intensa. Para Deus, uma imagem não é exatamente uma representação ou um clone. A imagem é o mesmo que a pessoa. A imagem é viva com a mesma vida que a pessoa real. Em outras palavras, a imagem é a incorporação da pessoa.

Deus, o Pai, é espírito. Ele é invisível para este reino visível (físico). Mas Cristo O torna visível. Cristo é a incorporação visível do Deus invisível. Ele é de fato Deus feito visível; Deus em carne. O Pai depositou tudo em Seu Filho para que o Filho pudesse expor visivelmente tudo o que está no Pai. Se você viu o Filho, então você viu o Pai (Jo 14:8, 9). Isso porque o Pai e o Filho são um.

A imagem nos dá o conceito da expressão visível. O Pai quer ser visivelmente expresso. Ele faz isto através do Seu Filho e em Seu Filho.

O Primogênito de Toda a Criação

Cristo é chamado de o Primogênito da criação porque todas as coisas foram criadas por Ele, para Ele, e Nele. Nesta parte do texto Paulo está referindo-se à velha criação, a criação do universo visível e invisível.

Todas as estrelas, planetas, galáxias e universos foram criados em seu Senhor. Que Cristo enorme nós temos. Ele é muito maior do que pensamos. Não só o universo físico, mas também o universo invisível foi criado Nele. Isto inclui os anjos e os lugares celestiais. Isto inclui muitos lugares invisíveis que ainda devem ser descobertos, mas ainda não foram revelados. Estes, também, foram criados em Cristo, por Cristo, e para Cristo.

É por isso que, na criação, você pode ver belas figuras de Cristo. O artista não pode pintar algo sem colocar alguma coisa dele na obra de arte. Quando olhamos ao nosso redor não podemos deixar de ver reflexos maravilhosos Dele. Assim como a lua reflete a luz do sol, assim o Filho reflete toda a glória do Pai.

Você percebe o quanto Deus depositou em Sua conta bancária? Que Senhor rico temos! Mas há ainda muito mais...

Todas as Coisas Subsistem Nele

Você poderia dizer que Cristo é a "cola" que mantém o universo junto. Ele é o centro de todas as coisas. A força da gravidade é uma figura Dele. Tudo neste planeta somente permanece sobre ele por causa da força da gravidade. E a gravidade vem do centro da terra. Não entendo como isso funciona, mas de qualquer maneira tudo está sendo puxado em direção ao centro da terra. Esta é a única razão por que as coisas não se precipitam da superfície da terra para flutuar no espaço.

Cristo é a *verdadeira* gravidade. Ele está constantemente puxando todas as coisas em direção a Ele. Ele é o *verdadeiro* centro do universo. E todas as coisas, lugares e pessoas "gravitam" Nele.

E a conta bancária do Pai continua a crescer...

A Cabeça do Corpo

Paulo nos diz aqui que Cristo mesmo é a Cabeça viva e real do corpo, a igreja. No capítulo de Efésios, Paulo nos diz qual é o plano de Deus para a plenitude dos tempos: congregar todas as coisas em Cristo (Ef 1:10). Isto inclui as coisas no céu e as coisas na terra.

Deus fez Cristo Cabeça da Igreja para que Ele pudesse cumprir o Seu plano de estabelecer todas as coisas no universo debaixo da Sua autoridade, para que Cristo fosse a soma total de todas as coisas positivas no universo. Deus depositou toda a Sua autoridade e poder em Seu Filho.

Puxa! Como esta conta bancária está crescendo.

O Primogênito Dentre os Mortos

Paulo agora está falando da *nova* criação. "Ele é o Princípio, o Primogênito dentre os mortos..." significa a ressurreição de Cristo. Ele é a semente, o primogênito de toda uma nova raça. Ele tem o primeiro lugar em todas as coisas nesta nova humanidade. Ele é o Preeminente. Ele não é apenas o número um; mais do que isso, Ele tem o primeiro lugar em tudo. Em cada uma e em todas as coisas, Ele é Primeiro.

> *Ele é primogênito entre muitos irmãos...*
> (Rm 8:29b).

Este é somente um pequeno vislumbre da plenitude da conta bancária do Pai. Este Cristo é muito mais do que isto.

Você percebe quanto Deus investiu em Seu Filho? Você pode ver uma pequenina parte da Sua plenitude?

APROUVE A DEUS QUE, NELE, RESIDISSE TODA A PLENITUDE

O Filho de Deus contém o seguinte:
♦ A velha criação
♦ O universo, visível e invisível
♦ O tempo

- O espaço
- Todos os planetas, sistemas solares, galáxias, ambientes
- A eternidade passada
- A eternidade futura
- O propósito eterno de Deus
- A nova criação
- A igreja (os santos)
- O reino (reinado e governo de Deus)
- E muito mais!

Mas o fato mais maravilhoso em tudo isso é que o Cristo todo inclusivo vive dentro de você! Ele de fato Se tornou um com você. Agora não há nenhuma separação entre você e Ele. Você é um com Ele assim como Ele é um com o Seu Pai.

Por favor, gaste algum tempo agora mesmo para deixar este fato descer ao seu espírito. Será necessário o resto da eternidade para isso ser completamente experimentado.

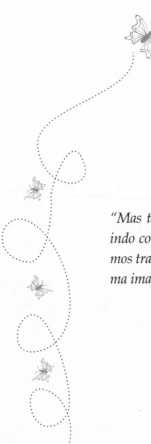

"*Mas todos nós, com rosto descoberto, refletindo como um espelho a glória do Senhor, somos transformados de glória em glória na mesma imagem, como pelo Espírito do Senhor*"

2 Coríntios 3:18

Preparando Para a Crisálida (Casulo)

red crê que é um verme. Ele não sabe que é de fato uma lagarta. Nenhuma das outras lagartas disse a ele isso. Provavelmente porque elas mesmas não o sabem! A existência de uma criatura gloriosa chamada de "Voador" é apenas um mito ou lenda. Muito embora seja mencionado nos escritos antigos, ninguém realmente acredita nele. Não, um verme é sempre um verme.

Mas alguns da população dentre os vermes de fato acredita que um verme pode mudar em algo mais. Um verme pode se tornar melhor. Um verme pode melhorar a si mesmo. Pode um gato se tornar um cão? Pode um pássaro se tornar uma girafa? Pode um verme se tornar uma lagarta?

As Pessoas Mudam?

Um irmão próximo no Senhor fez-me esta pergunta recentemente. Confesso que não me ocorreu como responder-lhe imediatamente, mas então, veio rolando para fora da minha boca e surpreendeu a todos, inclusive a mim.

"Não. As pessoas não mudam."

Isso soou verdadeiro em meu espírito quando o disse, mas eu não sabia por que. Outros irmãos discordaram de mim e logo um irmão se apressou em dar uma explicação. Ele disse que tinha visto muitas pessoas mudarem e que até os incrédulos podem mudar.

Mas suponho que depende de como você define "mudar". Sim, concordo que as pessoas podem mudar seu comportamento. Um criminoso pode deixar de cometer crimes. Um alcoólatra pode deixar de beber. Uma pessoa obesa pode deixar de comer demais. Mas isto não é apenas uma mudança no comportamento? Com certeza podemos mudar todo o nosso comportamento simplesmente usando o poder da nossa vontade. Mas isso realmente muda quem nós somos? Isso muda a essência profunda da nossa identidade?

Estou seguro de que você ouviu dizer que alguém com uma personalidade viciante sempre será um viciado. Mesmo que você pare completamente com a heroína ou com o álcool, você sempre será um viciado ou um alcoólatra. Mudar o comportamento não muda quem você é. Você faz parte da raça de Adão. Você é uma pessoa caída, um pecador.

Contudo, quando você vai a Cristo, você é transferido da raça de Adão para uma raça inteiramente nova. Isto é, a raça do Último Adão, Cristo. O pecador se tornou um santo. O perdido foi achado. O miserável caído se tornou uma obra-prima. O verme se tornou uma lagarta.

Ah, então um verme *pode* se tornar uma lagarta. Sim, mas não por algo que o verme venha a fazer. Foi tudo por causa do que Deus fez. Você percebe? O verme precisou morrer para então renascer como uma lagarta. Isso não é uma mudança: isso é uma nova criação. Deus não tentou mudar Adão e "consertá-lo". Ele criou uma raça completamente *nova*.

Lagartas Tentando Se Transformar em Borboletas

A triste situação de hoje é que os crentes simplesmente não sabem quem são em Cristo. Por isso sempre estamos tentando nos tornar algo que já somos. Estamos trabalhando muito na formação de melhores mães, pais, homens de negócios, empregados, vizinhos etc. Estamos nos esforçando muito tentando nos tornar cristãos melhores. Oramos mais, ofertamos mais, lemos a Bíblia mais, testemunhamos mais etc. Tudo na esperança de nos tornar bons cristãos, na esperança de nos tornar santos. Mas *já* somos santos. *Já* somos consagrados. *Já* somos irrepreensíveis. *Já* somos puros e limpos, sem mancha. *Já* estamos agradando a Deus. *Já* estamos na terra Canaã. Estamos em Cristo. Este é o engano de todos os enganos: tentamos ser algo que *já* somos e alcançar um lugar que já ocupamos.

Já fomos crucificados com Ele. *Já* fomos ressuscitados com Ele. *Já* fomos ascendidos com Ele. E estamos assentados *agora mesmo* com Ele nos lugares celestiais (ver Ef 2:5, 6).

Não temos que alcançar uma posição ou status com Deus. Estamos em Cristo e Cristo está em nós. Somos um com Ele. Qual outra posição podemos possivelmente alcançar? O que mais podemos possivelmente nos tornar além do que já somos? Este equívoco grosseiro conduziu a um caminho que leva um grande número de crentes a desperdiçarem seus esforços.

Por que você acha que Deus colocou o Filho Dele dentro de você? Para que você possa se mudar em uma pessoa melhor? Para que você possa se tornar uma lagarta melhor?

Não. O segredo da lagarta está *dentro* da lagarta.

Metamorfose

Mas que tal ser transformado à Sua imagem? Que tal crescer e se tornar um filho maduro de Deus? Não são todas essas coisas discutidas nas Escrituras? Sim, mas infelizmente a nossa compreensão delas é tomada apenas à luz dos nossos conceitos presentes de "auto-aperfeiçoamento".

Existe um termo na Bíblia para descrever este processo de amadurecimento do crente. A palavra é "transformação". Esta palavra no grego literal é *"metamorfoo"*. Soa familiar? Deveria. A nossa palavra "metamorfose" se origina dela. Ela também pode ser traduzida como transfiguração. Significa sofrer uma mudança radical de uma forma para outra. Este é o processo que acontece quando uma lagarta se torna uma borboleta.

Mas esta "mudança" ou metamorfose não acontece como você imagina. Não acontece porque você muda a si mesmo (com a ajuda de Deus). Você nunca pode mudar quem você é bem lá no seu interior. Isso não acontece porque Deus aponta uma das suas falhas e logo lhe diz: "melhore isso". Este não é o caminho da transformação em absoluto.

Vamos dar uma olhada na vida de uma lagarta/borboleta e na vida do nosso Senhor para encontrar a resposta.

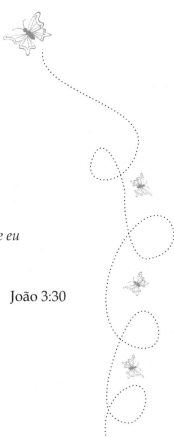

"É necessário que Ele cresça e que eu diminua".

João 3:30

O Segredo da Metamorfose

odemos ver um pequeno vislumbre da realidade da metamorfose em um ponto na vida do nosso Senhor. Estou me referindo ao que comumente é chamado de Sua "transfiguração". A mesma palavra raiz é usada na língua original tanto para "transformação" como para "transfiguração". Esta palavra é *metamorfoo*.

Mas o que de fato aconteceu quando o Senhor levou Pedro, Tiago e João ao monte e o Seu rosto brilhou como o sol e Suas vestes se tornaram tão brancas como a luz (ver Mt 17:1-13)? Um pouco da glória de Deus saiu através da carne de Jesus Cristo. Isso foi uma prévia visualização do reino vindouro em toda a sua glória. O reino de Deus sempre vem de dentro e então brilha através de nós. Do céu para a terra; do espírito para a carne.

Jesus estava revelando a glória do Pai dentro Dele. Aquela vida divina maravilhosa dentro Dele (que é o Pai) foi exposta numa pequena medida em todo o seu poder e glória. Nada mais que isso e os discípulos não foram capazes de tocar nela.

Mas este evento nos mostra como a metamorfose funciona. A vida interior irrompe e se manifesta exteriormente. Deus realiza a Sua vontade fora de nós. Certamente Ele nunca nos deixa, mas Ele quer ser manifesto em nós e através de nós. Ele quer Se tornar visível através da carne humana. Ele quer expressar a Si mesmo através da nossa personalidade e da nossa vida. Nesse exato momento você tem a vida divina e a natureza do Deus vivo dentro de você. O *verdadeiro você* que estive descrevendo neste livro reside dentro do seu espírito, o seu ser mais interior. Na sua parte mais profunda vive uma criação completamente nova. Esta pessoa é você e Cristo como um. Esta pessoa é *você* na versão de Cristo. Esta pessoa já *é* tudo o que você sempre quis ser. Esta pessoa tem todas as qualidades e o caráter de Jesus Cristo. Esta pessoa é santa, irrepreensível e justa. Esta pessoa é ousada e confiante, e também amorosa e humilde. Esta pessoa ama a Deus com todo o seu ser e confia, obedece e crê inteiramente. Esta pessoa é:

"Cristo em vós, a esperança da glória" (Cl 1:27).

E esta Pessoa quer sair e expressar a Si mesma. É aí que a "glória" entra. A glória é a expressão da vida de Deus. A esperança dessa manifestação acontecer está nesta maravilhosa Pessoa que vive dentro de você. O processo da manifestação desta Pessoa é chamado de transformação (metamorfose).

Não acontece por você ranger os seus dentes e se esforçar para mudar o seu comportamento exterior. A transformação acontece quando você se rende à vida interior e a permite ser expressa através de você. Você já tem a linda borboleta vivendo dentro de você. Você já é uma nova pessoa interiormente. Agora você precisa apenas cooperar com o Espírito Santo para libertar a borboleta interior.

Você sabia que uma lagarta muda a sua pele cinco vezes antes que a crisálida seja revelada?

> *Por isso não desfalecemos; mas, ainda que o nosso homem exterior se corrompa, o interior, contudo, se renova de dia em dia. Porque a nossa leve e momentânea tribulação produz para nós um peso eterno de glória mui*

excelente; Não atentando nós nas coisas que se vêem, mas nas que se não vêem; porque as que se vêem são temporais, e as que se não vêem são eternas (2 Co 4:16-18).

A lagarta troca a sua pele para revelar a borboleta interior. Contudo, algo mais acontece durante a metamorfose. A lagarta entra em um novo ambiente. Este ambiente é o estágio de pupa (crisálida) onde a borboleta é totalmente desenvolvida. Este é o casulo do qual nasce a borboleta.

O Casulo Corporativo

Deus já proveu um ambiente de "casulo" para você. Este é o hábitat natural onde você pode se libertar da velha vida e ser quem você foi destinado a ser. Esta é a atmosfera na qual você pode mostrar as suas verdadeiras cores.[6]

Esta metamorfose é algo que você não experimenta sozinho. Veja que a expressão plena da sua verdadeira identidade em Cristo não é apenas uma questão individual. É algo que você deve levar a cabo com outros santos. É porque a sua plena identidade está inextricavelmente ligada aos seus irmãos em Cristo.

O Crescimento de Cristo

Um dia, alguns discípulos de João o Batista vieram e contaram a ele que Jesus e os seus discípulos estavam batizando mais pessoas do que eles. É muito interessante ver como João lhes respondeu (Jo 3:26-31).

---

[6] Ver o livro deste autor: *The Coat of Many Colors* (A Capa de Muitas Cores), o qual será publicado brevemente por esta editora.

Primeiro: João disse-lhes que nenhum homem pode receber nada a menos que lhe tenha sido dado do céu. Depois os faz lembrar que ele não é o Cristo, mas apenas um precursor de Cristo.

Segundo: Ele disse-lhes que aquele que possui a noiva é o noivo (Cristo). Mas o amigo do noivo (João) O ouve e se alegra por ouvir a Sua voz.

Terceiro: Ele disse-lhes: "É necessário que Ele cresça e que eu diminua".

Agora, é esta terceira parte que nos confunde completamente. Muitas pessoas tomam isto como uma questão completamente individual. Para a maioria, esta passagem é inteiramente sobre o ministério de João e o ministério de Jesus. João estava dizendo que o seu ministério deve diminuir e o ministério de Jesus deve crescer. Mas não é o que o texto diz.

> *"É necessário que Ele cresça e que eu diminua"* (Jo 3:31).

Você pode ver claramente pelos pronomes que são usados que não se trata de ministérios. Trata-se de duas pessoas. *Ele* deve crescer, mas eu devo diminuir. A primeira pergunta que devemos fazer é: Quem é esta pessoa que deve crescer? Quem é *Ele?*

A resposta nos é dada no verso anterior (verso 29). Esta pessoa é a noiva e noivo. Ele é aquele que é composto tanto do Noivo *como* da Noiva. Ele é aquele que é composto tanto da Cabeça *como* do Corpo. Ele é o Novo Homem de quem Paulo falou (Ef 2:15-16). Ele é o Cristo total, o Cristo todo inclusivo, o Cristo Corporativo (Cl 3:10-11).

E a noiva é o Seu crescimento. Cristo é expandido e alargado pela sua noiva. Ela dá a Ele expressão e o crescimento.

Você percebe, Ele é muito maior do que você jamais imaginou. Nós somos o crescimento de Cristo! Você e eu somos partes da Sua noiva, do Seu Corpo. Isto é absolutamente maravilhoso.

Agora, espero que você possa ver que há realmente uma só lagarta. E todos somos partes daquela única lagarta. Isso não diz respeito apenas a você; isso diz respeito a *nós*. Cristo é composto de Cabeça *e* Corpo. E todos nós somos o Seu Corpo. E para que Ele alcance completamente a Sua expressão (a borboleta), devemos estar no ambiente correto.

PARTE DOIS

O Casulo

"Por conseguinte, Paulo entendeu que Cristo não é mais um Homem individual. Antes, Ele é um Homem corporativo... uma Pessoa corporativa que inclui muitos membros. Este novo conhecimento de Cristo é conhecê-Lo como a Igreja. 'Se alguém está em Cristo, nova criação é'. Conhecer esta nova criação é conhecer a Cristo, não segundo o ponto de vista humano, mas segundo o ponto de vista de Deus".

Frank Viola
God´s Ultimate Passion
(A Suprema Paixão de Deus)

O Ambiente de Vida do Casulo

A borboleta não pode ser liberada sem o ambiente apropriado. O casulo fornece tudo o que a lagarta precisa para possibilitar o crescimento e a liberação da borboleta interior.

A Renovação da Mente

O primeiro passo neste processo tem lugar em sua própria mente. Essa mente precisa ser renovada, como diz as Escrituras. Até este ponto você pensava que era lagarta. Você pensava que era um indivíduo separado, isolado e que estava vivendo a "vida cristã individual". Você aplicava todas as Escrituras à sua própria vida individual. Você era consumido pela sua própria relação individual com Deus e pelo crescimento daquela relação. Mas agora alguém está lhe dizendo que você não é lagarta. Que você é apenas *parte* da lagarta e que todos os crentes compõem esta lagarta corporativa. Como a sua mente se ajustará a esta proclamação? Você permitirá que a sua própria mentalidade se abra amplamente para a entrada de uma nova?

> *Não mintais uns aos outros, pois que já vos despistes do velho homem com os seus feitos, e vos vestistes do novo, que se renova para o pleno conhecimento, segundo a imagem daquele que o criou; onde não há grego,*

nem judeu, circuncisão, nem incircuncisão,
bárbaro, cita, servo ou livre; mas Cristo é tudo
em todos. (Cl 3: 9-11).

Paulo faz uma afirmação aqui que é absolutamente chocante. Ele diz que você *já* se despiu do velho homem e se vestiu do Novo Homem. Isto é tempo passado e já aconteceu. Na verdade, tudo nesta passagem é escrito no passado exceto uma parte.

"...que se renova para o pleno conhecimento..."

O que está sendo renovado para o pleno conhecimento? O novo homem. Mas quem é este Novo Homem? O verso onze nos diz que dentro do Novo Homem só há lugar para uma pessoa, Cristo. Cristo mesmo é o único conteúdo deste Novo Homem. Mas lembre-se, você e eu somos *um* com Ele. Por isso este Cristo é um Cristo corporativo que é composto de muitos membros (partes). Ele é tanto divindade como humanidade.

Então, por que Cristo precisa ser renovado? Porque Ele é o Cristo que é manifestado através de uma Pessoa corporativa. Esta Pessoa é composta de seres humanos que têm Deus vivendo neles. Mas para que estes seres humanos sejam capazes de expressar a plenitude de Cristo, eles precisam crescer em cada faceta Dele (Ef 4:13-15).

A expressão prática Dele tem lugar quando permitimos a Ele renovar as nossas mentes. O Novo Homem já está aqui. Precisamos ver e crer nisso. Precisamos de uma mentalidade inteiramente nova. Isso acontece quando largamos a casca do velho homem e permitimos que o Novo

Homem no interior saia. Isto acontece quando focalizamos a nossa mente e coração em Cristo (2 Co 3:18).[1]

Todavia, levante-se, por favor, e aprenda isso: Você individualmente não é o Novo Homem! O Novo Homem é o Cristo corporativo, a Cabeça *e* o Corpo, a Videira *e* os Ramos, o Noivo *e* a Noiva. Paulo não salientou santos individuais na igreja em Colossos e disse que esses tinham se revestido do Novo Homem. Não! Ele disse: vós (plural) vos vestistes do Novo Homem. Observe que no final desta passagem Paulo nos diz que o Novo Homem é Cristo como o tudo *em todos*. Ele estava dizendo à igreja em Colossos que o Novo Homem é o Cristo que está em todos eles juntos.

Este "Novo Homem" é a sua verdadeira identidade. Querido irmão, a sua verdadeira identidade não é constatada em você mesmo como um único indivíduo. Ela não é constatada na vida cristã individual. Ela só é constatada na vida comunitária dos santos. Ela só é constatada no "juntos".

Eu reconheço que apenas a leitura pode não penetrar muito fundo inicialmente. Você deve entender que esta renovação da mente leva tempo. A sua mente já foi préprogramada para pensar somente de modo individualista. Isso é ditado por muitos fatores, e os principais são: a sua cultura, a sua experiência e a sua educação. A cultura ocidental é individualista, rasa e simples. É muito difícil para nós pensar de forma diferente. A nossa cultura está se tornando cada dia mais individualista.

Porém, a natureza, a vida, e o plano de Deus são todos corporativos. O próprio Deus é comunidade. O Seu propósito é todo relativo à comunidade. Tudo na Bíblia, de capa a capa é sobre a comunidade. Ela toda é sobre o plano

---

[1] Ver o livro deste autor: *The Temple Within* (O Templo Interior), o qual será publicado brevemente por esta editora.

eterno de Deus de ter uma comunidade de seres humanos que contenham a Sua vida e manifestem a Sua natureza. O nosso Deus é Trino: Pai, Filho, e Espírito Santo. Só faz sentido, então, que a Sua imagem (Cristo) também fosse corporativa em natureza e função.[2]

A velha humanidade (em Adão) devia ser à Sua imagem (Cristo). Mas aquela humanidade caiu e uma nova humanidade se tornou necessária. Esta nova humanidade é o "Novo Homem" que Paulo falou em Colossenses e Efésios. É o Cristo corporativo composto de Cabeça e Corpo.

O Crescimento de uma Borboleta

Assim como em todas as outras áreas, relegamos a área do crescimento cristão à vida individual. Mas na realidade a borboleta cresce *dentro* do casulo. O crescimento tem lugar dentro do ambiente da vida de corpo, a vida da igreja orgânica. A intenção sempre foi de um processo que acontece na vida natural da comunidade crente. A vida de casulo significa que você está crescendo em Cristo em *conjunto* com seus irmãos.

> E *não* ligado à Cabeça, da qual todo o corpo, provido e organizado pelas juntas e ligaduras, vai crescendo em aumento de Deus (Cl 2:19). Antes, seguindo a verdade em amor, cresçamos em tudo naquele que é a Cabeça, Cristo, do qual todo o corpo, bem ajustado, e ligado pelo auxílio de todas as juntas, segundo a justa

---

[2]   Ver o livro deste autor: *The Community Life of God* (A Vida Comunitária de Deus), o qual será publicado brevemente por esta editora.

*operação de cada parte, faz o aumento do Cor-
po, para sua edificação em amor* (Ef 4:15,16).

Por favor, observe aqui comigo que essas duas passagens complementares dizem duas coisas diferentes sobre a
direção do crescimento. Em Colossenses, o Corpo cresce *a
partir da* Cabeça. Em Efésios, o Corpo cresce *para a* Cabeça.
Você percebe que a Cabeça é o centro de tudo? A vida e o
crescimento fluem para e a partir da Cabeça.

Quando a lagarta está pronta para entrar no estado
de pupa, ela encontra um ramo, sobe, fixa as suas pernas
traseiras ao ramo e então se pendura de cabeça para baixo.
Aí ela faz algo realmente interessante: ela torce sua cabeça
para cima formando a letra "J". O seu corpo está pendur-
ado para abaixo, mas a sua cabeça está voltada para cima.
Isso porque toda a vida flui da cabeça. A cabeça fornece
todos os nutrientes necessários ao corpo inteiro.

Você é uma parte importante do Corpo de Cristo.
Toda a sua vida vem da Cabeça, do Seu Senhor. Todo o
crescimento acontece no corpo (casulo). Você não pode
mais se separar do corpo assim como um ramo não pode
se separar da árvore. Você é um membro de Cristo. Isso é
o que você é.

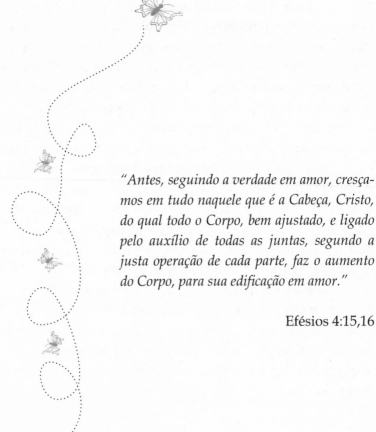

"Antes, seguindo a verdade em amor, cresça-mos em tudo naquele que é a Cabeça, Cristo, do qual todo o Corpo, bem ajustado, e ligado pelo auxílio de todas as juntas, segundo a justa operação de cada parte, faz o aumento do Corpo, para sua edificação em amor."

Efésios 4:15,16

O Alimento do Casulo

Lembra-se do nosso pequeno amigo, Fred? A sua ocupação principal na vida era encontrar o próximo pedaço de ervas daninhas para se alimentar. Ele procurava achar em cima e em baixo a melhor folhagem para ter o jantar mais delicioso possível. Afinal de contas, estamos falando sobre ervas daninhas aqui!

Aqui está uma descrição do cristão individualista preocupado com o seu próprio crescimento individual em seu próprio caminhar individual com o Senhor. Ele está constantemente buscando mais "comida", por isso procura constantemente novas "porções de ervas daninhas". Cada domingo pela manhã ele visita "a porção de ervas daninhas" para ver se pode se "alimentar" para a semana inteira. Tudo o que realmente lhe interessa é o seu próprio crescimento e bem-estar individual. Ele é alimentado continuamente, mas nunca fornece alimento. Ele recebe sempre, mas nunca dá. Toda a sua comida é obtida externamente e recebida individualmente. Essa é a vida da lagarta individualista.

Todavia...

Esta *não* é a vida dentro do casulo.

A vida dentro do casulo não é sobre a sua obsessão com o seu caminhar individual com o Senhor. Não é mais em torno do seu interesse pessoal, seu egoísmo e exame pessoal. Por favor, não me entenda mal. *Não* estou dizendo aqui que não é mais em torno de você. *É* em torno de você. Mas não do antigo você. É do novo você. Do *verdadeiro* você.

Este verdadeiro você é uma parte de uma entidade maior. O novo você é uma parte integrante de um organismo vivo e maior apresentado como o Corpo de Cristo, o Novo Homem, o Templo Vivo, a Noiva de Cristo e a Família de Deus. A sua verdadeira identidade como indivíduo só pode ser encontrada no relacionamento desta grande comunidade de Deus. Você nunca pode ser completo à parte desse relacionamento.

> *E sujeitou todas as coisas a Seus pés, e sobre todas as coisas O constituiu como Cabeça da Igreja, que é o Seu Corpo, a plenitude Daquele que cumpre tudo em todos* (Ef 1:22,23).

Você ainda é um maravilhoso indivíduo! Você é um separado (um santo) que foi escolhido antes da criação para ser irrepreensível diante Dele. Tudo isso, por mais maravilhoso que seja, ainda é só uma *parte* da história. Você é parte integrante de uma Pessoa muito maior e mais maravilhosa.

Essa Pessoa é Cristo.

Jesus é a Cabeça e todos os Seus "santos" são o Seu Corpo. Que Pessoa magnífica é esta. Ele é o cumprimento e a realização de todos os sonhos de Deus. Ele é o centro de todo o universo. Todas as coisas giram em volta Dele. Ele é a expressão plena da vida do Deus Trino. A vida Nele é comunidade, amor, paz e alegria.

Mas Ele ainda não foi plenamente revelado. Este é o propósito do casulo. É dentro da vida comunitária que o Corpo é consolidado e cresce em todos os aspectos na Cabeça. Isto precisa se tornar muito prático. Isto precisa se tornar o nosso pão de cada dia.

O Que Temos no Cardápio?

Na vida de casulo há apenas uma coisa no cardápio: Cristo. Receber Cristo dos seus irmãos. Isso implica em receber cada um deles como membros de Cristo e receber o que eles trazem das suas próprias experiências de Cristo. Só Ele é a nossa comida e bebida verdadeira (Jo 6:35). Mas esta comida e bebida são dadas através dos membros do corpo. A comida fornecida é exatamente o necessário para realizar a transformação. A comida *não* é estudos bíblicos e sermões. A comida e a bebida são a Pessoa viva de Cristo quando Ele é experimentado na vida dos Seus santos. Estes santos aprendem a ter comunhão com o verdadeiro Pão da Vida a cada dia. E assim, quando todos se reúnem, eles abrem suas bocas e compartilham daquele Pão uns com os outros. Em outras palavras, eles partem o Pão juntos. O "Pão" é Cristo quando experimentado por cada um deles.

Agora sabemos que no mundo natural uma lagarta entra no casulo e uma borboleta sai. Mas isto é só uma figura e toda figura tem limitações. No mundo real (espiritual), muitas lagartas entram no casulo, mas apenas uma gloriosa borboleta sai. Todos nós entramos na vida do Corpo como crentes isolados, individuais. Mas algo acontece dentro do casulo. A metamorfose que acontece no interior é do individualista para o corporativo. É uma mudança radical da vida independente, egoísta para a vida interdependente, comunitária. A auto-suficiência não é aclamada como o alvo final na vida dentro do casulo. Ser "um homem auto-suficiente" não funcionará neste ambiente. O antigo ego individualista deve morrer e o novo ego, corporativo (comunitário) deve emergir. Mas como esta transformação se realiza? Vamos considerar o nosso casulo para termos a resposta.

Tudo Está na Sopa

Quando a lagarta entra no casulo começa um processo que é completamente fascinante. A primeira coisa que acontece é que a maior parte do velho corpo da lagarta morre. Os mesmos sucos digestivos que a lagarta usava em sua velha vida para digerir a sua comida são aplicados agora ao seu próprio corpo. Você poderia dizer que a lagarta digere a si mesma de dentro para fora. Este processo é chamado "histólise". Os sucos digestivos fazem uma espécie de "sopa" feita do velho corpo larval.

Todavia, não é todo o corpo do inseto que é destruído porque existem algumas células especiais que permaneceram escondidas e não tiveram parte para desempenhar na antiga vida. Mas agora essas "novas células de vida" se tornam ativas e começam a trabalhar construindo um novo corpo saído da "sopa mortal" dos sucos digestivos. Vida que sai da morte. Isso parece familiar a você?

O Processo de Morte e Vida

Isso é uma figura do processo de transformação que se realiza dentro da vida de "casulo" do Corpo de Cristo. As "novas células" da vida corporativa estão escondidas dentro de cada crente. Elas são despertadas e ativadas pela presença da "sopa mortal." Mas o que é esta sopa mortal? Ela é nada menos que a morte de Jesus Cristo que está presente em cada um de nós.

> *E assim nós, que vivemos, estamos sempre entregues à morte por amor de Jesus, para que a vida de Jesus se manifeste também na nossa*

carne mortal. De maneira que em nós opera a morte, mas em vós a vida (2 Co 4: 11, 12).

... para conhecê-Lo, e a virtude da Sua ressurreição, e a comunicação de Suas aflições, sendo feito conforme a Sua morte; para ver se de alguma maneira posso chegar à ressurreição dentre os mortos (Fp 3: 10,11).

Tanto o poder da morte *como* da ressurreição estão operando dentro de você agora mesmo. Você lembra que eu disse que quando você no início se voltou para o Senhor, o Pai colocou a Sua Semente dentro de você? Esta Semente é o próprio Cristo (o Filho) e esta Semente contém toda a experiência de vida do Filho de Deus. A morte e a ressurreição são parte dessa experiência.

Agora quando você é colocado no ambiente de uma consolidada comunidade de crentes (vida de casulo), a *experiência da morte* de Cristo em você é ativada. Os sucos "digestivos" tornam-se vivos dentro de você com o propósito de mortificar o antigo corpo larval.

Mas o que é esta antiga larva? Ela é a sua antiga vida de isolamento e individualismo. Ela é a sua antiga mentalidade de ser uma ilha para si mesmo. São os velhos conceitos de que você, Deus, e todos os demais são apenas partículas separadas de pó individual flutuando ao redor em alguma espécie de tigela de sopa cósmica. Não é apenas a mentalidade, mas também o estilo de vida correspondente ao falso ego. O estilo de vida que vive tal como você é: um indivíduo independente, autônomo, auto-suficiente, egocêntrico, ensimesmado e auto-realizador. Este falso ego deve ser consumido na morte do Senhor Jesus Cristo.

Ele (o Cristo corporativo) deve crescer, mas você (o ego individual) deve diminuir.

Com certeza, Deus não quer abolir o seu verdadeiro ego. Este é o verdadeiro você. Esta é a sua verdadeira identidade que estive descrevendo neste livro. Mas você deve perceber que o verdadeiro você não é um indivíduo isolado. Você é uma parte do corpo de Cristo. E isso precisa se tornar extremamente prático.

Assim vemos que a nossa comida e bebida dentro do casulo é Jesus Cristo, incluindo a morte e ressurreição Dele. E isso inclui a experiência corporativa.

"Conhecemos o amor nisto: que Ele deu a Sua vida por nós, e nós devemos dar a vida pelos irmãos".

1 João 3:16

A Comunidade Prática

e onde vem esta idéia de dar a vida uns pelos outros? Certamente João não fez isso aparecer do ar.

> *O meu mandamento é este: Que vos ameis uns aos outros, assim como Eu vos amei. Ninguém tem maior amor do que este, de dar alguém a sua vida pelos seus amigos* (Jo 15:12, 13).

Sabemos naturalmente, que Jesus disse essas palavras aos doze discípulos. Mas de onde Jesus tirou essas idéias? A sua primeira resposta seria dizer que vieram de Deus ou do Pai. E isto seria correto.

Agora me deixe fazer outra pergunta. *Como* esses conceitos chegaram a Jesus? O Pai estabeleceu uma sala de aula e ensinou a Jesus sobre o amor? Não! Jesus trouxe essas palavras da Sua própria experiência com o Pai. Ele tem amado ao Pai por muito tempo. E este amor *é* o Espírito Santo.

Mas como este amor divino foi gerado? Foi gerado pelo Pai que deu a Sua vida pelo Filho e o Filho que deu a Sua vida pelo Pai.

Você vê que o Filho já sabia como amar por causa de toda a Sua experiência em amar ao Seu Pai por toda a eternidade. Ele já tinha total experiência em dar a Sua vida por outro. Na verdade, isso foi fisicamente demonstrado pelo Filho na Cruz do Calvário. Este é o verdadeiro estilo de vida de Deus. Ele *é* eterna comunidade. A força vital desta comunidade é o amor e amar é alguém dar sua vida pelo outro. O Pai está continuamente derramando a Sua vida para o Filho. O Filho está continuamente derramando de volta esta vida para o Pai. Este amor derramado é o Espírito Santo.[3]

> *A graça do Senhor Jesus Cristo, e o amor de Deus, e a comunhão do Espírito Santo seja com todos vós. Amém* (2 Co 13:14).

Esta comunhão da Divindade está por toda parte nas Escrituras. Ela é o fundamento, a origem e a vida central da Igreja. Na realidade, a comunidade dos santos deve ser uma expressão visível da vida comunitária que acontece agora mesmo dentro de Deus. Esta vida juntos é o que nos transforma na manifestação visível da nova criação. E tudo isso se torna extremamente prático.

Minha esposa e eu temos tido envolvimento com vários grupos pequenos de crentes que eu chamaria de igrejas orgânicas. Eles são *orgânicos* porque vivem e funcionam pela vida de Jesus Cristo que está dentro de nós. Todos esses grupos se reúnem geralmente uma vez por semana; os irmãos se reúnem às vezes e as irmãs se reúnem outras vezes. Quando nos reunimos, todos os santos estão livres para compartilhar Cristo uns com os outros em liberdade sob a direção do Espírito Santo. Realmente apreciamos estes momentos juntos porque Jesus Cristo é engrandecido e o corpo é edificado.

Porém, estamos descobrindo que a nossa identidade juntos não é baseada apenas em nossas reuniões ou ajuntamentos planejados, por mais maravilhosos que possam

---

[3] Ver o livro deste autor: *The Community Life of God* (A Vida Comunitária de Deus), o qual será publicado brevemente por esta editora.

ser. Não devemos ser descritos como uma "reunião" ou um "ajuntamento". Não somos um evento. Somos uma expressão do Corpo vivo e verdadeiro de Cristo. Jesus Cristo vive em nós pelo Seu Espírito. Ele vive em nós como indivíduos e vive em nós como uma entidade corporativa. Isto não pode estar limitado a uma reunião.

Por isso, a vida dentro de nós deve fluir para todos os membros de um modo prático sempre. Esta vida pode ser mais bem descrita pela palavra "comunidade". Sim, esta vida será expressa em nossas reuniões, mas ela deve fluir fora das nossas reuniões também. Isto é uma vida *diária* juntos e a expressão deve fluir através da realidade.

A realidade é o fato de que somos a comunidade de Deus. Este é um fato já estabelecido. Somos comunidade porque Deus é comunidade. Esta vida corporativa existe dentro de cada um de nós. A comunidade do Pai, do Filho e do Espírito vive dentro de você e de mim agora mesmo. Mas o problema é que esta realidade espiritual normalmente não se torna manifesta de um modo visível. O alvo de Deus é que as regiões invisíveis sejam trazidas para as visíveis, e que a Sua vontade seja feita "assim na terra como no céu". Que o Seu reino possa romper a nossa realidade atual e visível. É aqui que o sacrifício da nossa própria vida entra no jogo.

Não posso expressar a vida de comunidade de Deus a menos que eu esteja disposto a dar a minha própria vida pelos meus irmãos. Isto é o que todos estamos aprendendo a fazer. Cada um de nós está se esforçando para ser libertado da própria casca individualista e se juntar ao restante em um "casulo corporativo". Percebemos que existem várias "chaves" para se viver este tipo da vida.

Comunicação

Estabelecer linhas de comunicação é extremamente importante. Se meu irmão ou irmã tem uma necessidade, como eu saberei se não me mantenho "em contato"? Precisamos estar compartilhando as nossas vidas uns com os outros de um modo íntimo para que possamos cuidar um do outro. Mas isto não pode acontecer sem comunicação. Agradecemos a Deus pelo telefone.

Há anos atrás, havia um slogan de marketing usado pela companhia telefônica:

"Estenda a mão e toque alguém".

Isso se tornou um lema para nós também. Reconhecemos que precisamos tocar e ser tocados por alguém no Corpo de Cristo todo dia. Por isso combinamos que quando algum de nós pensasse em outro santo, não deixaríamos ficar só nisso e que nós o chamaríamos! Hoje em dia com os telefones sem fio, celulares e correio eletrônico é tão fácil entrar em contato com alguém todo dia. Vamos usar essas coisas para glória do Senhor.

Com certeza há outras formas de comunicação além do telefone. Que tal a comunicação escrita? Que tal escrever uns aos outros bilhetes e cartões? Que tal enviar um "telegrama" musical? Vários santos podem se juntar para ir à casa de outro irmão, tocar a campainha e cantar. Podemos ser muito criativos com os nossos modos de comunicação. Só chamar um santo para lhe dizer que você o ama pode fazer toda a diferença no dia dele.

Visitar Uns aos Outros

Isto é além das reuniões marcadas. Convidar a outros para um jantar, ou uma sobremesa, ou um filme é muito importante. Então há sempre o "dar uma chegada". Visitar outros crentes sem avisar também é muito importante.

Fazer Coisas Juntos

Há pequenas tarefas e incumbências que precisamos fazer freqüentemente. Quando tenho que ir ao banco, por que não procurar um irmão para ir junto comigo? A área em que vivemos aqui é muito rural, por isso dirigimos por longas distâncias para chegar a uma mercearia ou shopping. Por que não convidar outros pelo caminho? É outra oportunidade de compartilhar a nossa vida uns com os outros.

Obstáculos à Comunidade

Todas as atividades que estive descrevendo soam muito maravilhosas. Contudo, deve-se entender que são inacreditavelmente difíceis de fazer. Por quê? Por causa dos vários impedimentos ou barreiras que estão em nosso caminho.

A Nossa Mentalidade Individualista

O primeiro obstáculo é o modo como consideramos a nós mesmo e o nosso mundo. Esta mentalidade é o resultado de um evento e de uma atividade em progresso. O evento do passado foi a queda do homem. A atividade em progresso é a influência enganosa do anjo caído.

Devemos nos lembrar de que Satanás foi o primeiro a quebrar a comunidade com Deus. Ele é o individualista original. Ele saiu da ordem e da linha para tentar se elevar acima do trono de Deus (Is 14:13). Ele se separou porque queria ser como Deus. Mas isso era algo que estava reservado para outra pessoa: a Noiva de Cristo. Um anjo ou o um ser humano individual e isolado nunca poderiam ser como Deus. Isso só pode acontecer com um Corpo (Ef 1:22, 23).

No entanto, foi isso que o diabo usou para tentar um indivíduo no jardim. "Você pode ser como Deus". Mas Eva (como um indivíduo) nunca poderia ser como Deus. Isso porque Deus é comunidade e só uma comunidade pode ser "como Ele" (Gn 1:26, 27).

E assim, a partir da queda, a nossa mente ficou "emperrada" numa conduta individualista. Relacionamo-nos com tudo de forma individualista. Pensamos que Deus é um indivíduo, como nós. Até lemos a Bíblia através de "óculos" de cor individualista. Embora a maior parte do Novo Testamento tenha sido escrito para uma entidade corporativa chamada "a igreja," ainda assim tomamos estes versículos e os aplicamos a nós como indivíduos. Não podemos ver claramente o Novo Testamento porque não podemos nos relacionar ao *contexto* no qual foi escrito. Ele foi escrito para comunidades de crentes, não para indivíduos. Mas não podemos nos relacionar porque a maior parte de nós não vive em tal comunidade. Ao em vez disso, usamos a nossa cultura vigente como o nosso veículo para nos relacionar aos crentes do primeiro século.

A Nossa Cultura Vigente

Esta é a barreira principal a ser vencida, para vivermos na verdadeira comunidade. Caso você não tenha notado, a nossa cultura ocidental se tornou extremamente ocupada, especialmente nos últimos cinqüenta anos ou mais. Parece que quase tudo em nossa sociedade agora é em torno do indivíduo e seus direitos, sentimentos, sonhos, auto-aceitação, amor-próprio e auto-estima.

A chave para tudo no tocante a você como indivíduo é amar e aceitar a si mesmo, dizem os psicólogos. No entanto, isso é exatamente o contrário do que o Senhor Jesus nos disse.

Ele nos disse para negarmos a nós mesmo e perdermos a nossa própria vida (Mt 16:24-26). Na verdade, Ele mandou que deixássemos tudo para segui-Lo (Mt 19:29). Não era apenas seguir uma causa ou atividade política. Era segui-Lo. Fazer a vontade do Seu Pai que é edificar uma comunidade eterna familiar que viveria em unidade com o Deus Trino (Mt 12: 46-50). Em outras palavras, Ele estava dizendo para deixar o estilo de vida egocêntrico da sua própria cultura e sociedade. Devemos ser diferentes. Devemos ser uma comunidade amorosa sob o senhorio direto de Jesus Cristo.

Mas ainda vivemos nessa cultura individualista. Mesmo as culturas orientais estão ficando individualizadas por causa da influência ocidental. A nossa melhor defesa na luta contra essa influência é edificando uma comunidade forte com os nossos irmãos em Cristo. Tudo isso começa com uma revelação profunda da nossa unidade Nele.

"*O novo homem é ali mostrado como a Igreja, o Corpo de Cristo, e este Novo Homem deve crescer até a medida da estatura da plenitude de Cristo. É o homem corporativo que cresce até esta estatura; os indivíduos não podem realizar isso. Somente em relacionamento nos movemos para a plenitude de Cristo...*"

"*É colocar de lado tudo o que é individual, pessoal, separado, como tal, e revestir daquela consciência de relacionamento no qual tudo é para o Corpo, no Corpo e pelo Corpo. É através desta comunhão de espírito que o Senhor obtém o Seu objetivo e nós chegamos ao objetivo do Senhor*".

T. Austin-Sparks
The Stewardship of the Ministry
(A Mordomia do Mistério)

O Cristo Total

Há uma canção que às vezes cantamos com os santos:

"O Rei Jesus é a nossa Cabeça,
O resto Dele somos nós.
O Seu Corpo e a Sua Noiva
O Seu antigo mistério.
Ele nos ressuscitou dentre os mortos
E nos encheu com Sua vida
Ele vai voltar novamente
Para reclamar a Sua santa esposa".

Esta canção descreve muito bem outro aspecto e ainda mais vital da nossa verdadeira identidade: a nossa unidade com Cristo.

A unidade é algo que a mente natural nunca compreenderá. Como o Deus Trino pode ser três Pessoas que são um só Deus? A mente natural não pode compreender tal coisa. Por isso, esta idéia de unidade só pode ser compreendida em espírito. O seu espírito já entende a unidade porque é a própria natureza dele. A carne não entende porque a carne é totalmente separação e isolamento.

Unidade e Espírito

Quero lhe dar uma ilustração de como a unidade funciona. Ela realmente só funciona em espírito. Digamos que você vive perto de um lugar com água; este lugar é um lago. A água neste lago representa o espírito. Você vai para casa e pega um grande balde vazio e o leva até o lago. Você caminha até o lago com a balde e começa a afundá-lo na água. O que acontecerá? O balde se encherá de água, naturalmente. E o que acontecerá se você soltá-lo? Ele vai para o fundo do lago. Isto acontece porque agora o balde está cheio de água. O balde é "um" com o lago. Por quê? Porque a água está *no* balde e o balde está *na* água. Lembre-se, a água aqui está representando o espírito. Isso ajuda a entender como você é um com Cristo?

É porque Cristo (o Espírito) vive em você, e você vive em Cristo (o Espírito). Por isso, você é *um* com Ele! Isto significa que você compartilha da natureza e vida Dele, mas não da Sua Deidade. Só Ele é Deus. Mas nós somos participantes da natureza divina (2 Pe 1:4) e da Sua vida (1 Jo 5:12). Fomos submersos em Seu Espírito e este Espírito nos encheu até transbordar. Por isso, caro santo, você é um com o Seu Senhor (1 Co 6:17)! Tudo isso se torna possível por causa de algo chamado "espírito".

Cabeça e Corpo – O Novo Homem

Mas você não está sozinho. Muitas outras pessoas também são um com Ele. Todo crente verdadeiro (nascido do Espírito) é um com Cristo. Portanto estamos todos juntos no lago! Isto nos faz um com Ele e um uns com os outros.

> *Porque, assim como o Corpo é um, e tem muitos membros, e todos os membros, sendo muitos, são um só Corpo, assim é Cristo também* (1 Co 12:12).

Se você ler este verso cuidadosamente verá que Paulo está dizendo que o Corpo, a Igreja é Cristo. Sabemos que a Cabeça é Cristo, mas aqui Paulo afirma que o Corpo *também* é Cristo. Como pode ser isso? Realmente é muito simples quando você considera a unidade.

Todos os membros do corpo (você e eu) estão "em Cristo". Isso não é verdade? E não é também verdade que todos os membros do corpo têm Cristo neles? Cristo em nós, e nós em Cristo. Isso significa que somos um com a Cabeça, que é Cristo. A Cabeça e Corpo são um! Naturalmente, isso é mais do que lógico. Quem já ouviu falar de um corpo sem cabeça ou de uma cabeça sem corpo? Uma pessoa *completa* é composta tanto de cabeça como de corpo. E assim é com Cristo. Ele é, certamente, uma Pessoa inteira e completa. O Cristo completo é composto dos dois: cabeça e corpo.

Mas por que nós (em nossa mente) cortamos a Sua cabeça e a separamos do Seu corpo? Por que pensamos em Cristo como se estivesse dividido? Por que não podemos envolver nossas mentes em torno da unidade de Cristo? É por causa da queda. Quando Adão caiu, nós herdamos uma mente caída que divide e separa tudo. É muito difícil para nós pensar em termos de totalidade e unidade. Nossas mentes querem dissecar e separar tudo em categorias e seções claras e distintas. A unidade simplesmente não se encaixa nesse programa.

Todavia, a verdade sobre a unidade da Cabeça e do Corpo permanece. E só podemos recebê-la através de uma revelação do Espírito Santo. Esta revelação foi dada a Paulo de um modo especial. E ele se referiu a esta unidade da Cabeça e do Corpo como o Novo Homem (Ef 2:11-18; 4:11-13, 20-24; Cl 3:9-11).

E vos vestistes do Novo, que se renova para o conhecimento, segundo a imagem Daquele que o criou; onde não há grego, nem judeu, circuncisão, nem incircuncisão, bárbaro, cita, servo ou livre; mas Cristo é tudo em todos (Cl 3:10,11).

Paulo nos diz que este Novo Homem tem que ser "vestido" como uma roupa (Ef 4:24), e que isso acontece pela renovação das nossas mentes (Rm 12:2). Precisamos "revestir-nos" da mente do Novo Homem. Essa é uma mente corporativa. Essa é uma mente de unidade. A unidade da cabeça e do corpo. A unidade de Cristo.

Este Novo Homem não é uma entidade individual. Ele é um Homem corporativo composto de muitos membros. Este Homem está sendo renovado dia a dia pela mente dos membros sendo conformados com a mente da Cabeça. O conteúdo deste Novo Homem é Cristo. Ele é tudo e em todos. Não há nenhuma distinção de raça, cor, nacionalidade, classe, gênero, ou posição na vida. Cristo é tudo!

A Consciência do Novo Homem

É nesta vida de corpo (ou vida de casulo) que nos revestimos do Novo Homem e crescemos juntos até a medida da estatura da plenitude de Cristo (Ef 4:13). Este é o ambiente onde descobrimos a nossa verdadeira identidade. Escrevi este livro para ajudá-lo a ver quem você é em Cristo. Mas, por favor, entenda que você nunca pode descobrir completamente quem você é sem a vida de casulo. É somente no viver corporativo que você descobrirá a sua verdadeira individualidade. Isso não é um paradoxo? *Parece* lógico que eu descobriria a minha singularidade apenas me isolando em uma redoma de "realização própria". Mas esse não é o caminho em absoluto. Somente quando sou intimamente entrelaçado juntamente com outros irmãos é que eu posso ver o *contraste*; e a minha própria singularidade como uma parte do corpo se torna viva. Só posso ver quem eu sou, vendo quem são meus irmãos. Não apenas isso, mas eles também podem ver quem sou eu. Podemos descobrir quem somos juntos, não na carne, mas em Cristo (2 Co 5:16). Mas isso só pode acontecer quando desenvolvemos uma consciência do Cristo *total*.

Cada um de nós deve, individualmente, permitir que Deus renove nossas mentes para que não pensemos mais como indivíduos separados. Isso é parte do "revestir-se do Novo Homem". Devemos nos revestir da consciência ou da percepção do Novo Homem. Isso deve se tornar a nossa percepção vinte e quatro horas por dia. Isso é algo que podemos ajudar uns aos outros a desenvolver diariamente.

Para se aprender a pensar corporativamente precisamos de uma revelação da totalidade de Cristo. Esta é a unidade da Cabeça e do Corpo. Esta revelação é o começo. Então, a partir daí, você deve avançar para desenvolver uma nova mentalidade – uma mentalidade corporativa. Este modelo é completamente novo para nós. Você e eu normalmente não pensamos em termos de "nosso" e "nós". Tudo é em torno do "eu" e "meu". Mas esta mentalidade deve mudar para a mentalidade comunitária e isto leva tempo.

Você e eu nunca compreenderemos completamente a nossa verdadeira identidade se não enxergarmos o Novo Homem. Somos membros do Corpo de Cristo. Isto nos faz membros de Cristo (1 Co 6:15). Não é o corpo parte de Cristo? A Cabeça é Cristo *e* o Corpo é Cristo. Este é o Novo Homem, onde Cristo é tudo em todos.

Esta é a sua identidade. Você é uma parte do Cristo vivo. Você é um com Ele e você é um com as outras partes: os seus irmãos e irmãs. Nada pode separá-lo do Novo Homem (Rm 8:37-39). A sua unidade com Ele está fundamentada na estabilidade da unidade Dele com Seu Pai (Jo 17:22). Esta unidade é segura e durará por toda a eternidade. Esta unidade não é baseada no que você faz ou diz. Não é baseado em seus sucessos ou fracassos. É baseada na vitória Dele na cruz!

O grão de trigo se tornou os muitos grãos (Jo 12:24). Jesus Cristo foi aumentado (Jo 3:30). Jesus Cristo foi alargado e muitos foram acrescentados a Ele. Ele está sendo glorificado.

E você é parte Dele!

"Quando tocamos a vida genuína da Igreja, podemos nos sentir um tanto desconfortáveis. Isso é porque o ego não tratado não se ajusta na Igreja. Em minha própria experiência, quando a princípio toquei a vida da Igreja me senti exposto. A minha vida e o meu ego natural foram despidos daquilo que eram. A luz que brilha em todos os santos fez-me perceber que a minha experiência de seminário não importava ali. O que pensei conhecer não importava. A reputação ou a eloqüência não contavam. O que importava era Cristo!"

Bill Freeman
Seeing and Feeling the Church
(Vendo e Sentindo a Igreja)

A Piscina da Morte

E Jesus lhes respondeu, dizendo: É chegada a hora em que o Filho do Homem há de ser glorificado. Na verdade, na verdade, vos digo que, se o grão de trigo, caindo na terra, não morrer, fica ele só; mas se morre, dá muito fruto. Quem ama a sua vida perdê-la-á; e quem neste mundo aborrece a sua vida, guardá-la-á para a vida eterna (Jo 12: 23-25).

Jesus Cristo foi glorificado pelo aumento. O grão de trigo morreu para produzir muitos grãos. O Senhor foi glorificado por se tornar maior. O Homem Jesus, foi multiplicado para produzir o Homem Corporativo, Cristo. Este Homem Corporativo é o Novo Homem composto de muitos membros, sobre o qual falei no último capítulo. Nós somos parte Dele.

Mas isto só podia ser realizado através da morte. A ressureição produziu os muitos grãos. Mas antes que isso pudesse acontecer, precisou haver uma morte. O grão de trigo teve que cair na terra. Ora, todos nós sabemos que Jesus Cristo morreu na cruz e ressuscitou dos mortos para produzir a Igreja e isso é uma coisa maravilhosa. Mas de um modo prático, o que isso tem a ver com você e eu aqui e agora?

A Perda da Vida

Tem tudo a ver com você e eu aqui mesmo e agora e isso por causa do verso vinte e cinco:

> *Quem ama a sua vida perdê-la-á; e quem neste mundo aborrece a sua vida, guardá-la-á para a vida eterna* (Jo 12:25).

Isto se torna muito prático de dois modos: o individual e o relacional.

Sua Vida Individual – Cristo Como O Preeminente

> *E ele é a Cabeça do Corpo, da Igreja; é o Princípio e o Primogênito dentre os mortos, para que em tudo tenha a preeminência.* (Cl 1:18).

O primeiro lugar da morte está na sua própria vida pessoal. Cristo tem a preeminência? Ele tem o primeiro lugar *em todas as coisas?* Antes que possa haver a verdadeira vida de comunidade é preciso que a morte aconteça em cada vida individual. A lagarta entra no casulo com o propósito de morrer para si mesma. Os sucos digestivos são usados agora para realmente digerir a própria lagarta. A lagarta abandona os seus próprios interesses e a sua própria vida para que a borboleta possa sair.

Cada área da vida individual do crente deve ser tratada: a família, a carreira, os amigos, o dinheiro, os passatempos prediletos, os esportes, lazer, negócio, e todas as paixões pessoais devem ser imersas nesta piscina da morte.

Cristo, o Cristo completo (Cabeça e Corpo), tem o primeiro lugar *em todas as coisas* na vida de cada um de nós? Estamos aprendendo a sacrificar os nossos próprios interesses pessoais e sonhos por causa do propósito eterno de Deus. Isto não é fácil. A nossa cultura é tão ensimesmada e egocêntrica que realmente chegamos a crer que esta forma de vida é normal. Mas o nosso único interesse em comum precisa ser o próprio Cristo.

Esta é a vida de Cristo. Esta é a vida corporativa. Esta é a vida de comunidade. Ele se torna o nosso Tudo quando depositamos tudo aos Seus pés. As possessões materiais se tornam como nada quando percebemos que a único bem precioso que temos são os nossos irmãos em Cristo. Quando esta realidade se torna a nossa percepção, então não podemos esperar para ver nossos irmãos novamente. Sairemos do nosso caminho para vê-los. Conseguiremos desculpas para vê-los. Mas é preciso que eu sacrifique a minha própria vida pessoal para que isso aconteça.

A minha vida sempre entrará em choque com a vida de Cristo. E qual é a vida Dele? A vida Dele é a vida de comunidade. A vida Dele é uma vida de unidade com o Seu Pai no Espírito; é a vida corporativa de sacrifício e abandono contínuo da Sua própria vida. Mas a vida de Cristo interrompe a minha própria vida, "interfere" na minha própria vida e exige que eu abandone a minha própria vida pessoal. Não posso viver a vida de comunidade com meus irmãos se eu insistir em conservar a minha própria vida. Se Cristo se tornar o preeminente em minha vida, então isto significa que o "estilo de vida de Cristo" se tronará preeminente também. A vida de Cristo é uma vida de unidade.

Um Homem Segundo o Próprio Coração de Deus

Por que Davi foi apresentado como um "homem segundo o próprio coração de Deus"? Foi simplesmente porque Davi abandonou todos os seus próprios interesses pessoais por causa do desejo e satisfação de Deus.

> *Lembra-te, Senhor, de Davi, e de todas as suas aflições. Como jurou ao Senhor, e fez votos ao Poderoso de Jacó, dizendo: Certamente que não entrarei na tenda de minha casa, nem subirei à minha cama, não darei sono aos meus olhos, nem repouso às minhas pálpebras, enquanto não achar lugar para o Senhor, uma morada para o Poderoso de Jacó* (Sl 132:1-5).

Davi estava disposto a abandonar tudo o que era *seu* para que Deus pudesse ter o que Ele queria: uma casa. Você está disposto a abandonar a sua própria vida para que Deus possa ter a Sua própria casa, família, imagem, Corpo e Noiva? A borboleta nunca voará livremente até que a lagarta voluntariamente abandone a sua própria vida. A morte pessoal produz a vida corporativa de ressurreição.

Cristo a Nossa Vida

Parece-me que muitos cristãos hoje estão buscando a sua própria saúde pessoal, prosperidade e felicidade. Eles estão ativamente buscando pela "fórmula secreta" que lhes ensinará como formar os pensamentos certos e dizer as palavras certas para lhes dar o sucesso pessoal em alguma área. Isso é diretamente contrário ao que Jesus Cristo disse. Ele nos disse para perder a nossa vida e não tentar torná-la próspera. Uma lagarta próspera ainda é somente uma lagarta! Ela só se tornará uma borboleta perdendo a sua "vida de lagarta". Isso acontece na "piscina da morte" que está dentro do casulo. O desenvolvimento da morte para a vida começa primeiro com você estando no ambiente correto, na vida de comunidade com seus irmãos. Dali ela avança para você (pessoalmente) dando a sua própria vida por Cristo e Sua Igreja. Depois ela se estende para o seu relacionamento com os santos.

A morte é uma entrega diária da nossa vida pelos irmãos (1Jo 3:16). Mas você não pode fazer isso se estiver emaranhado com os assuntos desta vida. Simplesmente não haverá tempo suficiente. Se Cristo não for o seu Tudo, se Ele não for o Centro e Cabeça, e se Ele não tiver a preem-inência, então não haverá tempo suficiente para os santos. Colocando de forma simples, você estará *tão ocupado* com a família, os amigos, o trabalho e a recreação para dar a sua vida pelos irmãos. Isso mostra que você ainda não perdeu a sua própria vida da alma. Você ainda está persistindo nisso porque acredita que *isso* é quem você é. Mas essa vida *não* é quem você é em absoluto.

> *Pensai nas coisas que são de cima, e não nas que são da terra; porque já estais mortos, e a vossa vida está escondida com Cristo em Deus. Quando Cristo, que é a nossa vida, se manifestar, então também vós vos manifesta-reis com Ele em glória. (Cl 3:2-4).*

Por que o Senhor Jesus convida você para perder a sua vida da alma? É porque essa vida está morta! A única vida que você tem está escondida com Cristo em Deus. Paulo nos diz que agora "Cristo é *a nossa* vida". Você notou que ele passou do singular para o plural? Cristo é a *nossa* vida. Cristo não é uma vida singular. Cristo é a vida plural, a vida de comunidade. Ele é a *nossa* vida juntos. E a única coisa que pode se colocar no caminho daquela vida é a vida da sua alma velha e morta. Essa não é mais a sua identidade. Agora, a sua única vida, a sua única identidade, é Cristo (que é a *nossa* vida).

Isto significa que você não pode ter uma família, ou uma carreira, ou amigos? Claro que não! Mas na realidade significa que nenhuma dessas coisas é principal. Cristo agora tem o primeiro lugar em todas essas coisas. Todas essas coisas estão relacionadas ao Cristo preeminente, ao Cristo Total que é Cabeça e Corpo. Isso é verdadeiro porque é *este* Cristo que é a *nossa* vida.

É nas chamas da verdadeira vida da Igreja que você terá a oportunidade de sacrificar a sua vida da alma e assimilar a vida divina Dele. Isto acontece quando você abandona aquela vida da alma pelos seus irmãos. É quando você abandona os seus próprios desejos e interesses e se torna sensível às necessidades dos santos. É quando você considera seu irmão mais importante do que você mesmo. É quando você desenvolve uma "consciência de Corpo" e começa a viver a vida do Corpo que a sua própria vida da alma, esta coisa morta, começa a se dissolver.

E quando isso acontece, o Cristo vivo pode ser visto novamente!

"*Mas vós não aprendestes assim a Cristo, se é que O tendes ouvido, e Nele fostes ensinados, como está a verdade em Jesus; que, quanto ao trato passado, vos despojeis do velho homem, que se corrompe pelas concupiscências do engano; e vos renoveis no espírito da vossa mente; e vos revistais do Novo Homem, que segundo Deus é criado em verdadeira justiça e santidade*".

Efésios 4:20-24

Aprendendo a Cristo

stamos aprendendo que a genuína vida da Igreja ou vida do Corpo é o ambiente apropriado para a metamorfose de lagarta para borboleta. Isto significa a transformação da vida cristã individual para a vida comunitária do Corpo. Essa é a vida de unidade, a unidade da Cabeça e do Corpo, Cristo e a Igreja.

Isso leva tempo porque a nossa mente precisa ser renovada do pensamento individualista para o pensamento corporativo. A nossa identidade como indivíduo está intimamente ligada às nossas relações com nossos irmãos. O que estou dizendo é que você nunca descobrirá completamente a sua verdadeira identidade e propósito se não for consolidado numa íntima ligação com um grupo de crentes. Este é o caminho para a descoberta da identidade. Este é o caminho para a revelação do propósito. E este é também o roteiro para a percepção da sabedoria e do conhecimento prático.

O Nosso Método de Aprendizagem

Nós aprendemos como viver olhando para o Cristo Corporativo. Realmente não sabemos como sermos nós mesmos até que vejamos a nossa identidade no contexto, isto é, a nossa identidade "em Cristo".

> *Para que os seus corações sejam consolados,*
> *e estejam unidos em amor, e enriquecidos da*
> *plenitude da inteligência, para conhecimento*

do mistério de Deus e Pai, e de Cristo, em
Quem estão escondidos todos os tesouros da
sabedoria e da ciência (Cl 2:2, 3).

Há uma grande ênfase nesses dias, entre os cristãos, em aprender sobre Deus e aprender a Bíblia. Tenho ouvido muitos cristãos dizerem que devemos aprender a "Palavra de Deus" e não pude mais concordar. O problema vem do equívoco sobre que é a "Palavra de Deus". A maior parte dos cristãos lhe dirá que a "Palavra" é a Bíblia. Portanto todos devem aprender a Bíblia.

Agora, por favor, não me entenda mal. Sou a favor de conhecer e estudar as Escrituras. Isso deve ficar muito evidente para você no decorrer da leitura deste livro. Mas creio que a definição popular da "Palavra de Deus" fica muito aquém daquilo que as próprias Escrituras ensinam. Aqui outra vez, por causa da nossa mente caída, gostamos de tomar coisas que pertencem a Deus e parti-las e dissecá-las como um sapo de laboratório. As Escrituras são apenas uma pequena parte da totalidade que é a Palavra de Deus.

Na realidade, segundo as próprias Escrituras, a Palavra de Deus é uma Pessoa.

E o Verbo [Palavra] se fez carne, e habitou
entre nós, e vimos a Sua glória, como a glória
do Unigênito do Pai, cheio de graça e de ver-
dade (Jo 1:14).

E estava vestido de uma veste salpicada de
sangue; e o nome pelo qual se chama é a Pala-
vra de Deus (Ap 19:13).

Obviamente, a Palavra de Deus é o Filho de Deus. Esta Palavra se tornou carne no homem Jesus Cristo. As Escrituras são a revelação escrita da mente, pensamento e propósito de Deus. Portanto estas Escrituras são sopradas e inspiradas por Deus e são, portanto, a Palavra de Deus para nós. Mas o Deus vivo só pode ser completamente expresso por uma Pessoa, isto é, Cristo. Ele é a Palavra de Deus. Ele é a imagem plena, a expressão e a incorporação do Deus vivo. E esta expressão só pode ser plenamente realizada através do Cristo *total*, o Cristo Corporativo (Ef 1:22, 23).

> *Mas vós não aprendestes assim a Cristo...*
> (Ef 4:20).

Assim aprender a Palavra de Deus significa aprender a Cristo. Tudo isso é sobre aprender uma Pessoa e esta Pessoa é uma comunidade composta de Cabeça e Corpo.

Isso abre a entrada para um "método" inteiramente novo de aprendizagem. Não estamos mais assentados em uma "sala de aula" escutando uma preleção que é dada por um "professor". Não somos mais estudantes neste sentido, mas somos agora os membros de uma Pessoa viva. Esta Pessoa é composta de muitos membros e quando nos relacionamos com estes "membros" nos relacionamos com esta Pessoa. Aprendemos esta Pessoa nos relacionando com todas as partes Dela. Tudo relacionado com a Vida, nós aprendemos desta Pessoa corporativa/comunidade. Na verdade, aprendemos como ser um indivíduo vivendo nesta Pessoa.

A própria vida natural, biológica, nos relata isso. Quando você nasceu fisicamente, você nasceu em uma família. É dentro da vida de comunidade da família que você aprende a ser indivíduo. Se, por alguma razão, aquela vida familiar for negada a você, a sua individualidade não se desenvolverá apropriadamente. A sua própria personalidade e potencial de crescimento serão retardados. A própria identidade e o desenvolvimento da sua personalidade dependem do ambiente apropriado que você tem, o qual é a vida de comunidade. Esta é uma figura de Cristo e a Igreja.

Aprendendo a Nossa Identidade

Uma das primeiras coisas que você deve aprender é a sua verdadeira identidade em Cristo. Você não pode aprender isso apenas lendo este livro! Este livro pode ajudar a apontar o caminho, mas a sua identidade é encontrada "em Cristo". A sua identidade é encontrada em uma Pessoa. Somente quando você vive nesta Pessoa é que descobre quem você é.

Esta "aprendizagem" começa com uma revelação do Pai através do Espírito ao seu espírito. No entanto, ver que você é uma parte integrante do corpo de Cristo universalmente não basta. Você também deve ser uma parte ativa de um grupo de crentes estreitamente ligados localmente.

Onde a graça, a liberdade e a aceitação fluem num grupo de crentes, você é libertado para descobrir quem realmente você é em Cristo. Não tenho que provar nada aos santos, porque eles me aceitam como eu sou e isso me permite descansar e aceitá-los também. O conflito surge quando não conhecemos mais um ao outro segundo a carne, mas em vez disso conhecemos um ao outro segundo a nova criação. Estou aprendendo a me relacionar com eles de um modo completamente novo. Estou aprendendo a vê-los "em Cristo" como a nova criação. Isso me revela a verdadeira identidade deles e então posso descrever a eles o que vejo. Eu os vejo como eles realmente são: os santos dentro de Jesus Cristo. Agora, posso declarar a eles o que eles realmente são. E, certamente, eles também podem me dizer quem sou em Cristo.

Naturalmente este "ver" quem são meus irmãos não deve ser concluído apenas fazendo declarações sobre eles. Esta revelação deve prosseguir até o ponto onde de fato eu faço algo por eles. Gastar tempo juntos, comer juntos e cuidar uns dos outros é tudo parte desta vida de comunidade. Esta "vida de casulo" é o ambiente no qual você descobre a sua verdadeira identidade como uma experiência corporativa contínua com outros santos.

Aprendendo Como Viver

Como disse anteriormente, esta metamorfose ou transformação diz respeito ao mover da experiência individual isolada para a experiência de comunidade corporativa. E isso se torna muito prático, pois atinge todas as áreas da vida diária de uma forma muito íntima. Certamente, dentro do "casulo" as coisas se tornam realmente próximas e íntimas. Estamos falando sobre expressar de forma prática a verdadeira unidade que temos em Cristo. Mas esta unidade é apenas uma idéia bonita ou um conceito até que "surja repentinamente" na vida real das pessoas. Quando você é parte de um grupo de crentes estreitamente ligados, isso de fato pode acontecer.

Sempre pensamos que temos de ensinar a Igreja e, naturalmente, isso é verdade. Deus levanta pessoas para equipar a igreja (Ef 4:11, 12). Contudo, já consideramos alguma vez que podemos aprender com a Igreja? Pode a Igreja corporativa ensinar a Igreja individual? O que estou perguntando é isso: os indivíduos dentro da Igreja podem aprender da Pessoa corporativa? Posso aprender observando o Cristo corporativo? Quando vejo a Igreja tratando com problemas e situações, posso aplicar aquelas soluções para a minha própria vida pessoal? Definitivamente creio que sim e tenho visto isso acontecer. Se todos os tesouros da sabedoria e do conhecimento são encontrados em Cristo (Cl 2:2-3), então não faz sentido que eles também serão encontrados em Seu Corpo? E esses "tesouros" podem ser encontrados nos santos e aplicados a cada área da vida.

O verdadeiro "ensino" que todos nós precisamos não será encontrado em uma sala de aula. É encontrado na vida diária do Corpo de Cristo. Aprendi pessoalmente muito sobre a unidade vendo os irmãos nos grupos nos quais tenho estado. Estamos desenvolvendo relações com outros crentes (e grupos de crentes) em nossa cidade. Isso é extremamente importante para nós. Não queremos nos tornar uma unha encravada no corpo. Estamos aprendendo a nos tornar abertos e inclusivos e não fechados e exclusivos.

Embora os outros sejam diferentes de nós, se têm Jesus Cristo vivendo neles, então eles são nossos irmãos e os recebemos. Esta é uma maravilhosa realidade que Deus está nos mostrando agora mesmo e Ele está nos ensinando isso por vermos o corpo funcionando.

Ouvimos dizer que é preciso uma aldeia para formar uma criança.[4] Acredito que seja verdade desde que a criança esteja na aldeia certa! A "aldeia" ou a comunidade deve ser a comunidade de Jesus Cristo e não a aldeia deste sistema mundano. Muitos pais cristãos mudaram a escola para o lar, porque entenderam isso. Mas por que, oh por

---

[4]   N.T. Este provérbio é atribuído aos africanos e se originou na cultura Nigeriana Igbo. Tornou-se o título de um livro sobre crianças intitulado: "*It Takes a Village*" (É Necessário Uma Aldeia) de Jane Cowen-Fletcher, publicado em 1994.

que, os mesmos pais não podem ver que a Igreja deve vir para casa também? Sentimos que devemos retirar as nossas crianças do sistema educativo e, contudo, deixamos a nós mesmos no sistema religioso.

Na vida de Corpo você aprenderá como ser um pai. Você aprenderá isto junto com seus irmãos e irmãs. Você aprenderá que o cuidado paternal, bem como todas as demais coisas, é uma experiência corporativa e não apenas individual. Você aprenderá a ser pai sendo parte de uma irmandade onde há outros pais. Você aprenderá a ser mãe estando em uma irmandade onde há outras mães. Você descobrirá todas essas coisas juntos.

Isto também se aplica ao casamento, às esposas e aos maridos, aos empregados, aos empregadores, aos estudantes, aos filhos, e a todas as outras condições de vida. Todas as coisas mudam quando se tornam coisas feitas em conjunto. Deus nunca pretendeu que todos fôssemos unidades isoladas que "aprendem" e lutam por si mesmos. Ele nos projetou para sermos criaturas corporativas que olham umas para as outras para descobrir a sua identidade e aprender como viver. Certamente, a nossa mente caída resiste a este tipo de estilo de vida por causa da nossa "síndrome de isolamento". Mas a vida divina está esperando para ser descoberta por nós no meio dos nossos irmãos em Cristo.

> *Oh! Quão bom e quão suave é que os irmãos vivam em união. É como o óleo precioso sobre a cabeça, que desce sobre a barba, a barba de Arão, e que desce à orla das suas vestes. Como o orvalho de Hermom que desce sobre os montes de Sião, porque ali o Senhor ordena a bênção e a vida para sempre. (Sl 133).*

PARTE TRÊS

A Borboleta

"*Porque a ardente expectação da criatura espera a manifestação dos filhos de Deus. Porque a criação ficou sujeita à vaidade, não por sua vontade, mas por causa do que a sujeitou, na esperança de que também a mesma criatura será libertada da servidão da corrupção, para a liberdade da glória dos filhos de Deus*".

Romanos 8:19-21

"*E, porque sois filhos, Deus enviou aos vossos corações o Espírito de seu Filho, que clama: Aba, Pai*".

Gálatas. 4:6

Virando Pelo Avesso

A descoberta da sua identidade em Cristo é, na verdade, uma viagem infindável. Desde que a sua identidade é encontrada em sua unidade com Ele, esta descoberta é infinita porque Ele é infinito. Contudo, esta viagem nos leva a fases mais profundas de revelação e de consciência progressivamente. Vimos isto quando utilizamos a ilustração da metamorfose da borboleta.

Sabemos que a própria lagarta nasceu contendo a semente da borboleta dentro dela. O que acontece dentro do casulo é a metamorfose ou a transformação da lagarta em borboleta. Mas isto acontece quando a velha lagarta morre e a borboleta nasce do interior. Agora, essencialmente o que é o nascimento?

Bem, sabemos que a gravidez é a concepção e o desenvolvimento de uma pessoa viva dentro de outra. A futura criança cresce e se desenvolve dentro da mãe. Você poderia dizer que a mãe é a "portadora" da nova pessoa até que ela esteja pronta para sair para o mundo. É da mesma forma com a borboleta, com uma exceção principal: a lagarta morre e a borboleta toma o seu lugar. Isto não é *adição; é substituição*. Mas a borboleta interior realmente precisa sair em algum ponto do tempo. Agora, aqui está o meu ponto. A transformação se realiza pela saída daquilo que está dentro. O interno se torna externo. A lagarta vira-se pelo avesso.

Isso é revestir-se do Novo Homem, que é Cristo. Este Cristo, que está dentro de você, é a esperança da glória.

Mas o que é glória? É a manifestação exterior ou expressão Daquele que está dentro. Cristo é esta esperança da glória. Mas é Cristo em uma localização particular: Cristo *em* você. Portanto o que estou dizendo é que a glorificação de Deus acontece só quando o Cristo dentro de você é revelado. Ele, que está dentro, deve sair. Todos os tesouros da sabedoria e do conhecimento estão escondidos dentro de você (Cl 2:3). Mas eles devem sair para que a glorificação se realize.

Revestir-se do Novo Homem (Cristo) é como dizer: *puxe de dentro aquelas coisas que são Cristo e traga-as para fora.* Vestimos a Cristo como vestimos um casaco ou outra roupa. Mas onde adquirimos esta roupa? Tiramos esta roupa do armário e o armário é o nosso espírito. O seu espírito é o repositório de todas as insondáveis riquezas de Cristo. Você precisa alcançar o fundo do "armário" e colocar para fora todas estas roupas bonitas. E, depois, use estas roupas em sua vida diária.

Venha o Teu Reino

> *Venha o Teu reino, seja feita a Tua vontade assim na terra como no céu...* (Mate. 6:10).

Jesus disse que devíamos orar para que o reino de Deus viesse para esta terra. Sabemos que o Seu reino é de outra esfera. É o reino dos "céus", o reino celestial, o reino de "cima". Mas onde estão os céus? Onde os lugares celestiais residem? Paulo nos diz que os lugares celestiais residem dentro de Cristo (Ef 1:3). E este Cristo mora dentro de você. Isto significa que os lugares celestiais estão dentro de você. Você não se lembra Dele dizer que o reino de Deus está dentro de você?

Portanto, o reino de Deus (o céu) deve vir para a terra. Um reino deve entrar em outro reino. O interno deve entrar no externo. O invisível deve entrar no visível. Em outras palavras, Jesus Cristo deve se tornar visível. Isto acontece quando você e eu tomamos o que está dentro de nós e o tiramos para fora. O Cristo em nós deve ser tirado e vestido como uma roupa. Isso é feito tanto através das nossas palavras como das nossas ações, mas elas sempre acontecem através do fluir da vida e não através do esforço religioso ou humano.

A Religião do Homem Versus Cristo

Devemos perceber que este "vestir-se" de Cristo é totalmente feito pela graça e pela vida e não no poder da nossa própria carne. Isso acontece quando permitimos ao Seu Espírito para renovar a nossa mente e permear a nossa alma. Isso não é uma adesão a regras exteriores. Tudo isso acontece *interiormente* pela vida de Cristo.

Esse foi o erro dos Gálatas. Eles tentaram aperfeiçoar na carne aquilo que Deus tinha começado no Espírito (Gl 3:1-3). É verdade que você e eu devemos de fato "vestir" a Cristo, mas até mesmo isso é feito *por* Cristo, *em* Cristo e *para* Cristo.

Virando-nos ao avesso a gloriosa borboleta é liberada. O interior se torna exterior em Cristo e Ele se torna a nossa roupa externa. Isso, certamente, tem lugar tanto individualmente como corporativamente. Mas como podemos caminhar nessa experiência de um modo prático?

A Preeminência de Cristo

> E Ele é a Cabeça do Corpo, da Igreja; Ele é o Princípio e o Primogênito dentre os mortos, para que em tudo tenha a preeminência. (Cl 1:18).

Paulo nos diz que o propósito eterno de Deus é congregar ou convergir todas as coisas em Cristo (Ef 1:9, 10). Todas as coisas estiveram um dia Nele (Cl 1:16), mas agora saíram Dele por causa da rebelião de Lúcifer e da queda do homem. O propósito de Deus é ter todas as coisas reconciliadas a Ele para que Ele seja a Cabeça, o centro e a vida de tudo (Cl 1:19,20). A Igreja (o Cristo corporativo) é o lugar onde todas as coisas se convergem e são reunidas em Cristo. Ele deve ter o *primeiro lugar* em todas as coisas. Mas como isso acontecerá se não O introduzimos em cada situação?

Você tem um trabalho? Você é pai? Você é cônjuge? Você é estudante? Eu proponho que você não seja nenhuma dessas coisas, mas antes que elas sejam as atividades com as quais você se ocupa. A sua verdadeira identidade foi apresentada a você neste livro. A sua verdadeira identidade é uma parte de Jesus Cristo. A sua verdadeira identidade é uma parte do Corpo de Cristo. Agora, como você irá trazer para fora o verdadeiro "você"? Como você introduzirá a Cristo nessas atividades com as quais se ocupa? Como Ele terá o primeiro lugar em todas essas coisas?

Há algumas amigas nossos que realmente se divertem enlatando frutas. Elas não são "enlatadoras de frutas"; elas apenas gostam dessa atividade. Mas como elas podem introduzir a Cristo nesta atividade? Bem, a primeira coisa que vem à mente é como elas podem "ver" Cristo neste empreendimento. A fruta vem de uma árvore. A fruta é o produto da vida. A fruta é também a semente da vida. Jesus Cristo é, naturalmente, a Videira Verdadeira (a Árvore da Vida) e nós somos os Seus ramos (Jo 15). Essas irmãs estão tomando Cristo e O armazenando em seus espíritos para que possam distribuí-Lo a outros mais tarde. Este é o âmago do processo de "enlatar as frutas". Elas podem discutir sobre isso enquanto colocam as frutas nas latas, podem cantar e compartilhá-Lo umas com as outras e desse modo Ele terá a preeminência no processo de enlatar as frutas!

E com respeito às suas atividades e relacionamentos? Ele pode também ter o primeiro lugar em todos eles? Sim, se você introduzi-Lo em cada situação. Ele pode ter se você vestir-se de Cristo na vida diária.

Deixe-me fazer-lhe uma pergunta: Você acredita que Jesus Cristo vive dentro de você? Se a sua resposta é sim, então eu peço que você leia a seguinte afirmação em voz alta:

"Creio que Jesus Cristo vive dentro de mim".

Agora, com base em sua confissão de fé, quando você se levantar amanhã de manhã o que fará com Jesus Cristo? Como você irá tocá-Lo? Como você conversará com Ele? Como você terá comunhão com Ele? Você irá ignorá-Lo, ou você O reconhecerá e terá consciência Dele durante o dia inteiro? Você se vestirá Dele quando estiver colocando a sua roupa?

Bem, eu tenho outra pergunta para você:

Você crê que Jesus Cristo vive em seus irmãos (seus companheiros crentes)?

Se Ele vive em seus irmãos, então como você irá encontrá-Lo neles hoje? O que você irá fazer hoje com Jesus Cristo que está nos santos? Como você irá tocá-Lo nos santos hoje? Como você verá a verdadeira identidade deles hoje?

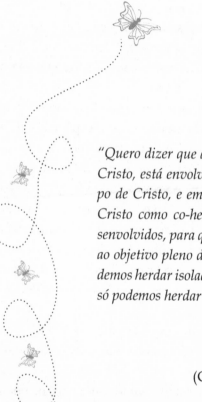

"*Quero dizer que a filiação requer o corpo de Cristo, está envolvida nessa verdade do Corpo de Cristo, e em nosso relacionamento em Cristo como co-herdeiros é que seremos desenvolvidos, para que cheguemos à plenitude, ao objetivo pleno de Deus. Você e eu não podemos herdar isoladamente, individualmente: só podemos herdar de uma forma associada*".

T. Austin-Sparks
God´s Spiritual House
(Casa Espiritual de Deus)

A Nossa Filiação em Cristo

Quando prosseguimos no desenvolvimento do propósito de Deus para nós, não podemos deixar de ver que Ele está buscando uma vida que amadurece. Como indiquei na primeira parte deste livro, o Pai deposita a Sua vida em nós dando-nos Seu Filho Unigênito. Esta vida é dada como uma semente. Ela é inteira, completa e perfeitamente divina. Mas ela tem que amadurecer. Deus quer que cresçamos Nele em todas as coisas.

> *Do qual todo o corpo, bem ajustado, e ligado pelo auxílio de todas as juntas, segundo a justa operação de cada parte, faz o aumento do corpo, para sua edificação em amor* (Ef 4:16).

Se você é um crente, então você é um verdadeiro filho de Deus. Mas as Escrituras tornam muito claro que Deus quer que os seus filhos cresçam e se tornem filhos maduros. Podemos dizer que Deus quer adultos espirituais. Você é um filho, mas Deus quer que você cresça e seja um filho maduro, uma pessoa adulta. Agora, como podemos ver nessa Escritura, isso acontece dentro da Igreja, o Corpo de Cristo. Crescemos *juntos* através da rica provisão e da operação de cada parte. Em outras palavras, o Corpo cresce por meio da contribuição e funcionamento de cada membro com seus respectivos dons e ministérios. Mas vamos examinar primeiro o significado da própria filiação.

A Filiação de Jesus Cristo

E eis que uma voz dos céus dizia: Este é o meu Filho amado, em Quem Me comprazo (Mt 3:17).

Deus nunca foi visto por alguém. O Filho Unigênito, que está no seio do Pai, esse O revelou (Jo 1:18).

Jesus Cristo é o Filho Unigênito de Deus. O termo "unigênito" indica que Ele é único porque é o Filho eterno de Deus, o próprio Deus. Não significa também que em algum momento Ele se tornou o Filho. Ele sempre foi o Filho eterno. Entretanto, este termo dá a idéia que Ele flui do Pai. Isso não é um evento, mas antes um fluir contínuo da vida divina. O Pai derrama tudo o que Ele é em Seu Filho. O Filho declara ou explica perfeitamente o Pai. Ele é a imagem perfeita ou expressão do Pai.

O Pai tem todo o Seu prazer em Seu Filho e o Filho é a única Pessoa que pode agradar realmente o Pai. Toda a apreciação do Pai está no Filho. O alvo do Pai é congregar todas as coisas neste universo em Seu Filho (Ef 1:9,10). Em termos humanos podemos dizer que o Pai é completamente obcecado por Seu Filho e que Ele só tem olhos para Ele.

Jesus Cristo deixou bem claro que Ele e o Pai são Um (Jo 17:21,22). Numa certa ocasião os Judeus pegaram em pedras para apedrejá-Lo quando Ele fez essa declaração (Jo 10:30,31). Isso porque a unidade sempre é mal entendida e é sempre vista como uma heresia. Como Jesus podia reivindicar ser um com Deus? É porque Ele está no Pai e o

Pai está Nele. O Pai e o Filho são Um e o relacionamento de amor Deles *é* o Espírito Santo.

Jesus Cristo é o Filho Unigênito de Deus. Ele é o Filho único e eterno do Pai. Não pode haver nenhum outro como Ele. E, contudo, Paulo nos diz que Ele é o Primogênito entre muitos irmãos (Rm 8:29).

Muitos Filhos Em Um Filho

Você sabia que é um filho do Deus vivo? Na verdade, vou me colocar numa posição bem crítica com essa declaração:

> *Você é um filho de Deus tanto quanto Jesus Cristo!*

Como posso fazer tal afirmação? Na verdade é muito fácil. Só existe uma Filiação. Você já se perguntou por que o Novo Testamento o chama de "filho" de Deus independente do seu sexo? Em nenhum lugar ele se refere às mulheres como as "filhas" de Deus. Isto significa que Deus tem preferência por um sexo? Claro que não! Significa que há apenas *uma* Filiação e esta Filiação é o relacionamento entre Jesus Cristo e o Seu Pai. Você é chamado de filho porque Ele é *o* Filho. Você é um com Ele, portanto compartilha da Sua Filiação com o Pai. Há apenas *um* Filho eterno. Contudo, dentro do único Filho há muitos filhos. Esta é *a Filiação* da qual a Escritura fala.

Nos escritos de Paulo há duas Escrituras associadas que tornam isso muito claro:

> *Porque todos os que são guiados pelo Espírito de Deus, esses são filhos de Deus. Porque não*

> *recebestes o espírito de escravidão, para outra*
> *vez estardes em temor, mas recebestes o Es-*
> *pírito de adoção de filhos, pelo qual clamamos:*
> *Aba, Pai* (Rm 8:14, 15).

E a outra...

> *Para remir os que estavam debaixo da lei, a*
> *fim de recebermos a adoção de filhos. E, porque*
> *sois filhos, Deus enviou aos vossos corações*
> *o Espírito de seu Filho, que clama: Aba, Pai.*
> *Assim que já não és mais servo, mas filho; e,*
> *se és filho, és também herdeiro de Deus por*
> *Cristo* (Gl 4:5-7).

Gostaria de indicar dois pontos importantes nessas duas passagens. Primeiro, em Romanos 8:15 quem está clamando? Paulo diz que somos *nós* que clamamos 'Abba! Pai!'. Mas, em Gálatas, quem está clamando?

Em Gálatas 4:6 é o "Espírito de Seu Filho" que clama. Nós clamamos e o Espírito clama porque o Seu Espírito se tornou um com o nosso espírito (1 Co 6:17). O clamor é na verdade um só. Clamamos porque o único Filho clama. E o que clamamos? Clamamos uma declaração da nossa intimidade com o Pai. Mas como podemos fazer uma declaração tão ousada? Podemos fazê-la porque somos uma parte da Filiação única de Jesus Cristo.

E isto me leva ao meu segundo ponto nessas passagens. Em Gálatas 4:5 nos é dito que recebemos *a adoção*. Não se diz que recebemos muitas adoções individuais. Todos nós recebemos apenas uma filiação e esta é a adoção do único Filho, Jesus Cristo. Somos todos filhos porque estamos todos em um Filho. Suponho que você possa pensar nisso desta forma. O Filho é um enorme barco. Somos todos passageiros a bordo deste barco e isto nos faz filhos também. Estamos todos viajando a bordo do barco Filho.[1]

Isso assegura implicações incríveis para você e para mim.

A Oração

Você já se perguntou como o Senhor Jesus pôde fazer tal afirmação: "Tudo o que pedires em meu nome, o Pai o fará"? A chave aqui está no significado da frase "em meu nome". O que significa pedir em Seu nome? Significa pedir na filiação. Porque você e eu estamos no Filho, podemos pedir ao Pai na única filiação.

É o Espírito de adoção que clama: "Abba! Pai!". E é este mesmo Espírito que vive em nós e ora por nós (Rm 8:26,27). Este Espírito conhece a mente e a vontade de Deus e ora de acordo com ela. É Cristo (o Filho) orando em você (um filho). E ainda mais poderosamente é Cristo (o Filho) orando em nós (o Filho Corporativo). É por isso que o Pai responderá. É o Seu Filho Quem está pedindo! Aquele no Qual Ele tem Seu prazer.

A Nossa Herança

O mesmo Espírito testifica com o nosso espírito que somos filhos de Deus. E, se nós somos filhos, somos logo herdeiros também, herdeiros

---

[1] N.T. A palavra em inglês usada para filiação e adoção é *Sonship*, e o autor a usa aqui de forma separada *Son-ship*, que traduzida literalmente quer dizer "barco Filho".

de Deus, e co-herdeiros de Cristo: se é certo que com ele padecemos, para que também com ele sejamos glorificados (Rm 8:16, 17).

Nesta passagem podemos ver o progresso de filhos para filhos maduros. O que faz a diferença? É o sofrimento. Você progride e amadurece de filho para filho maduro através dos sofrimentos. É através de muitas tribulações que entramos no reino de Deus. O sofrimento vem em forma de perseguição e de luta com a vida do ego ou a vida da alma. Todos os dias você tem oportunidade de perder a sua vida e de ganhar a vida Dele.

Mas qual é esta maravilhosa herança? É o próprio Deus Trino. Foi nos dado o Espírito Santo como um pagamento adiantado ou amostra da plenitude do Deus Trino. Mas virá um tempo quando você e eu gozaremos da plenitude de Deus. O Espírito é a garantia desta plenitude futura.

Em quem também vós estais depois que ouvistes a palavra da verdade, o evangelho da vossa salvação; e, tendo nele também crido, fostes selados com o Espírito Santo da promessa. O qual é o Penhor da nossa herança, para redenção da possessão adquirida, para louvor da sua glória (Ef 1:13, 14).

"*Esta não é uma situação onde alguns cristãos devotos ocasionalmente se reúnem para
adorar. Esta é a criação de uma comunidade
contrária a um ambiente de distinção social.
Quando os discípulos de Jesus se reuniam, a
agenda e a estrutura corporativa deles pareciam estar de cabeça para baixo em contraste
com as organizações sociais convencionais,
inclusive muitas igrejas*".

Donald B. Kraybill
The Upside-Down Kingdom
(O Reino de Ponta Cabeça)

O Reino

"Estes que têm alvoroçado o mundo, chegaram também aqui..." (At 17:6b).

Quando a borboleta começa a emergir da casca do casulo, a vida dá uma viravolta radical. A borboleta não vive mais como uma lagarta. As diferenças entre os dois estilos de vida são enormes.

A borboleta, evidentemente, é completamente diferente da lagarta em seu aspecto. Mas as diferenças vão muito além das simples aparências externas. A forma de vida da borboleta é totalmente diferente daquela que as lagartas vivem. A lagarta rasteja sobre o chão; a borboleta voa nos ares. A lagarta come ervas inúteis; a borboleta bebe o néctar das flores. O objetivo da lagarta é trabalhar e comer para poder ser transformada em algo mais; a borboleta sabe que já foi transformada e vive para expor a sua beleza exuberante.

E aqui está a diferença principal...

A borboleta sabe quem ela é! Ela não se esforça mais para se tornar em algo melhor. Ela está vivendo agora uma nova vida que externamente manifesta quem ela é no por dentro.

O Reino no Interior

Como a maior parte das coisas que são do Deus, nós pegamos esta noção do reino e a viramos de cabeça para baixo. Nós a aplicamos individualmente primeiro e não corporativamente. Mas Deus trabalha no sentido contrário: Ele começa com o corporativo e o utiliza para influenciar o indivíduo. Obviamente, a palavra "reino" envolve um grupo corporativo de pessoas. Há um Rei e Ele reina sobre os "súditos" que vivem no Seu domínio ou reino. Este reino é o lugar (e o povo) onde Ele exerce controle completo e é o Tudo em todos.

O reino de Deus está dentro de nós (Lc 17:20,21) porque Jesus Cristo *é* o reino. Ele já está em nós e entre nós. E o nosso Senhor orou para que este reino e a cultura que vem dos céus também viessem para esta terra (Mt 6:10). Aqui Ele estava orando sobre um grupo de pessoas que viveria um estilo de vida diferente do estilo deste mundo. Eles seriam o povo do Rei e viveriam suas vidas sob Sua absoluta Autoridade e Senhorio.

Esse estilo de vida vem de dentro da vida de Cristo no interior de cada crente. A expressão exterior começa na etapa de casulo quando os santos aprendem a derramar suas vidas uns pelos outros. A comunidade do reino é construída dentro do casulo. A vida egocêntrica e individualista dos crentes morre para dar lugar à vida corporativa de Jesus Cristo (Jo 3:30).

Esse reino está dentro de você agora mesmo. Mas quando esse reino veio morar dentro de você? Ele entrou quando você se tornou um cristão, quando você foi batizado, quando você foi à igreja ou ouviu o Evangelho pela primeira vez?

O reino entrou quando você nasceu? Absolutamente não! Esse reino entrou em você muito antes de algum desses eventos. Esse reino entrou em você antes de haver qualquer coisa! Esse reino entrou em você antes da criação!

Então dirá o Rei aos que estiverem à Sua direita: Vinde, benditos de meu Pai! Entrai na posse do reino que vos está preparado desde a fundação do mundo (Mt 25:34).

Quando o Pai soprou o Seu fôlego de vida em você, aquela "semente-espírito" continha a vida total de Seu Filho. Esta "semente" foi uma parte de Seu Filho que existia mesmo antes da eternidade. Essa semente divina contém tudo o que está em Cristo e inclui o Seu reino. Se Cristo vive em você, então o Seu reino também vive em você. Esse reino é uma vida corporativa ou comunitária que aguarda apenas sair do seu interior para fora.[2] Esse reino vem da esfera eterna (regiões celestiais) e também reside dentro da sua carne mortal. Esse reino é a vida comunitária real do Deus Trino.

A Experiência do Reino

O reino de Deus está dentro de você por um motivo: Porque Ele quer governar e reinar sobre este planeta. Primeiro Ele governa e reina dentro de você quando você permite que Ele seja o Senhor de tudo na sua vida. Ele deve ter primeiro a preeminência em todas as coisas que pertencem a você (Cl 1:18). Isto não significa que Ele é a sua principal prioridade, mas que Ele é Tudo para você. Ele é Tudo na sua família. Ele é Tudo no seu matrimônio. Ele é Tudo na sua carreira. Ele é Tudo nos seus relacionamentos. Ele é tudo nas suas finanças. Ele é Tudo em todas as coisas. Ele é o centro, a essência e o Senhor de todas as coisas que

---

[2] Ver o livro deste autor: *The Communit Life of God* (A Vida Comunitária de Deus), o qual será publicado brevemente por esta editora.

lhe pertencem. Deve começar ali, mas certamente não pode terminar ali.

A sua experiência do Seu Senhorio deve expandir de você para os outros. Aqueles da igreja, com os quais você se reúne, também devem experimentar o Senhorio Dele juntos.

> *E sujeitou todas as coisas a Seus pés, e sobre todas as coisas O constituiu como Cabeça da Igreja, que é o Seu Corpo, a plenitude Daquele que cumpre tudo em todos* (Ef 1:22, 23).

Cristo não será a Cabeça prática e viva da Igreja se Ele não for a Cabeça de cada membro individual do Corpo. Isso significa que cada um de nós precisa aprender como tirar a sua provisão diária da vida da Cabeça. Depois se reunir para buscar a Sua face para a direção da igreja.

A pergunta é esta: Ele vai ser a Cabeça da Igreja apenas na teoria ou na prática diária também?

Nas igrejas orgânicas com as quais tenho estado envolvido, todas as decisões da igreja são tomadas por consenso. Isso significa que as decisões não são feitas por uma única pessoa. Reunimos-nos e decidimos pelo consenso. Entramos *todos* em acordo no tocante à mente do Senhor sobre um determinado assunto antes de prosseguirmos. Se todos não concordarem, então esperamos até haver unanimidade. As coisas se movem muito mais devagar desta forma, mas descobrimos que raramente perdemos a direção de Deus.

Ele se moverá através de pessoas diferentes em tempos diferentes para realizar o que Ele quer. As questões não serão sempre iniciadas pela mesma pessoa. Mas todos nós concordamos antes de prosseguirmos. Deste modo, Ele pode ser a Cabeça prática e real da Igreja.

Ele é o responsável pelas reuniões. Nós O buscamos antes para saber o que Ele nos deu para compartilhar com os santos. Então qualquer um pode compartilhar o que o Senhor depositar em seu coração: pode ser uma canção, um poema, um testemunho, um ensinamento, uma revelação, ou outra coisa.[3]

Certamente Ele não é apenas a Cabeça nas reuniões. Ele é a Cabeça da Igreja sempre e isto tem que ser verdadeiro em nossa vida diária também. Visto que Ele dirige cada membro, freqüentemente chamamos um ao outro para fazer coisas juntos. Se uma irmã vai fazer compras, ela chama uma ou duas outras irmãs para irem com ela várias vezes. Se um irmão estiver trabalhando em um projeto em casa, ele chama outro irmão para ajudá-lo. Estamos aprendendo a compartilhar a nossa vida um com o outro e não apenas nas reuniões.

Depois esta vida do reino dentro de nós deve fluir para o mundo também. Estamos aprendendo a compartilhar o amor e a vida que temos uns com os outros. A vida do reino tem que ser compartilhada com aqueles ao nosso redor. Há crentes e descrentes que igualmente necessitam ver o amor de Deus manifestado diante deles.

Precisamos sair de nós mesmo e entrar em Cristo. Semelhantemente a vestir um macacão, precisamos "revestir-nos" do Senhor Jesus Cristo (Rm 13:14). E para fazer isso devemos sair de nós mesmos. Quando isso acontece, fazemos coisas que nunca faríamos normalmente. Podemos até mesmo orar corporativamente: "Senhor, seja feita a Tua vontade, venha o Teu reino; seja em nossa cidade como é no céu!"

---

[3]   Para mais esclarecimentos sobre este assunto ver o livro deste autor: *The Priesthood of All Believers* (O Sacerdócio de Todos os Santos), o qual será publicado brevemente por esta editora.

"Somos uma Nova Criação
Somos totalmente um Novo Homem
As coisas velhas passaram
Nascemos de novo
Mais do que apenas vencedores
Em Cristo permanecemos
Somos uma Nova Criação
Somos totalmente um Novo Homem"

Figuras da Nova Criação

á muitas ilustrações ou "figuras" da nossa identidade nas Escrituras. A maior parte dessas figuras trata da nossa unidade com Cristo. Em outras palavras, a maior parte destas figuras é corporativa. Eu gostaria de usar este capítulo para simplesmente registrar e destacar algumas dessas belas figuras.

A Árvore da Vida

Esta Árvore é encontrada em três lugares principais na Escritura: no jardim do Éden (Gênesis); na nova Jerusalém (Apocalipse); e em outro lugar que é comumente negligenciado. Essa Árvore é encontrada caminhando nas praias do mar da Galiléia há dois mil anos atrás! Sim, Jesus Cristo disse: "Eu sou a Videira Verdadeira e vós sois os ramos" (Jo 15:5a). Esta maravilhosa figura da nossa identidade mostra que somos um com Ele. Ela mostra também que dependemos totalmente Dele para todo o nosso suprimento de vida divina. Sem Ele nada podemos fazer (Jo 15:5b).

O Tabernáculo de Moisés (Ex 25-30)

Tudo no Tabernáculo fala de Cristo e a Igreja, porém não posso entrar em muitos detalhes aqui. Mas posso dizer que o Santo dos Santos representa a Cabeça da Igreja, o próprio Cristo. O restante do Tabernáculo representa a ampliação ou o aumento de Cristo, que é o Seu Corpo, a Igreja (Ef 1:22,23).

A Nova Jerusalém (Ap 21,22)

Tudo nesta cidade também fala de Cristo e a Igreja. As portas de pérola são a entrada para a grande cidade. Esta é a Sua redenção. As ruas são feitas do ouro puro que sempre significa a divindade na Escritura. A Árvore da Vida está na cidade (a videira e os ramos) e acompanha o Rio da Vida (a comunhão do Deus Trino). Ambos fluem do Seu trono.

O Casamento (Ef 5:22-33)

Aqui temos de novo a nossa unidade com o Senhor, o nosso Noivo glorioso (Ef 5:23-32). Os dois se tornaram um. Cristo e a igreja se tornaram um. Este é o grande mistério da Nova Criação. Como podem dois se tornarem um? Como pode um Deus que é Um conter três Pessoas? A unidade é um mistério porque não podemos entendê-la com nossa mente natural. Somente Deus pode nos revelar isso.

A Nova Humanidade (Cl 3:9-11; Ef 2:15; Ef 4:24)

Este é o Cristo completo: a Cabeça e o Corpo, o Noivo e a Noiva, a Videira e os Ramos. Esta é a nova humanidade e a nova pessoa que é o Cristo corporativo. A Nova Criação é uma nova Pessoa.

Esta nova Pessoa é o nosso Senhor e nós. O lugar de nascimento desta nova Pessoa é a sepultura onde Jesus foi enterrado. A data de nascimento desta nova Pessoa é o dia em que Jesus saiu daquela sepultura. O Novo Homem nasceu naquele dia. Na ressurreição todos daqueles que foram crucificados com Ele também ressuscitaram com Ele como Um Novo Homem – a Nova Criação.

As Bodas (Jo 2)

O primeiro milagre do Senhor nas bodas de Canaã é um "sinal" da nova criação. A água que é transformada em vinho é uma maravilhosa figura da nossa transformação de lagarta em borboleta. E tudo isto aconteceu em uma boda. Aqui novamente podemos ver o Noivo e a Noiva como outra figura do Grande Mistério da nossa unidade com o Senhor.

Há muitas outras figuras da Nova Criação a serem consideradas nas Escrituras. A sua identidade pode ser encontrada em todas as partes deste Livro. Por que você mesmo não realiza uma caça ao tesouro para tentar encontrar algumas delas?

Conclusão

Uma vez que Fred entendeu que não era apenas um verme e sim uma maravilhosa lagarta que continha a vida da borboleta dentro dele, tudo mudou. Tudo se tornou novo.

Mas primeiro ele precisou ouvir as boas novas. Ele precisou ouvir a verdade sobre a sua própria identidade. Ele precisou ouvi-la, mas não apenas isso, ele também precisou *crer nela*.

Normalmente podemos notar quando alguém *ouve* a verdade, mas ainda não *crê*. Quando você lhe diz que ele está em Cristo, ele responde rapidamente: "Sim, eu sei disso". Quando respondemos tão rápida e fluentemente é porque a verdade realmente não se tornou parte de nós. Ainda não cremos em realidade. Apenas assimilamos o conhecimento intelectual.

A fé vem pelo ouvir, mas a fé precisa prosseguir. Você ouve, e depois crê. Apresentei a verdade sobre a sua verdadeira identidade. Fiz isto apresentando o seu Senhor. É porque Ele *é* a sua identidade. Você e Ele se tornaram um.

Agora, você pode *crer* nisso? Caro ramo da Árvore da Vida, você pode compreender isso? Agora, querido santo e imaculado, você pode tomar posse da sua identidade pela fé? Agora, querido escolhido, você pode crer na verdade sobre quem você realmente é?

Fred estava contente crendo que era um verme. E assim a sua vida continuou sendo a de um verme. Mesmo tendo ouvido as "boas novas" de que ele era realmente uma

lagarta com a vida de Voador dentro dele, ainda escolheu
crer que era um verme. Que tragédia. Crer em algo que
simplesmente não é verdade. Crer que você é alguma coisa
muito menor do que de fato é. Que perda para o reino de
Deus. Que perda para todos aqueles que estão ao seu redor. Que perda para você mesmo.

A segunda tragédia é que não crendo quem você é,
então, você tenta se tornar o que já é! Esta é a própria essência da religião. Tentar, em sua própria força alcançar
uma posição que você já tem. Esforçar-se, por sua carne,
para se tornar a pessoa que você já é. A descoberta vem da
percepção de quem você já é e do que já tem.

Você *já* é:

Um separado
Um santo
Irrepreensível
Um escolhido antes de criação
Um filho do Deus vivo
A obra-prima de Deus
Uma nova criação
Uma expressão singular Dele
Assentado com Ele nos lugares celestiais
Um membro do Seu Corpo
Em Cristo
Abençoado por Deus
Um sacerdote
Uma pedra viva na casa de Deus
A herança de Deus
A plenitude Dele
Parte da Sua Noiva
Um membro da família
E muito, muito mais...

Você *já* tem:

O amor de Deus
A graça e a verdade de Cristo
As riquezas insondáveis de Cristo
A vida (o DNA) de Deus
O penhor de Deus (o Espírito Santo)
O espírito de revelação
Os dons e chamados de Deus
A esperança da glória
Os tesouros da sabedoria e do conhecimento
O reino de Deus
A liberdade em Cristo
E muito, muito mais...

E esta é apenas uma lista parcial de quem você *já* é e do que você *já* tem. Você de fato é rico. Você de fato é abençoado. Agora você precisa crer nisso. Aí você começará a ver isso e depois você viverá isso.

Mas lembre-se de que a sua identidade individual está complexamente ligada ao Cristo corporativo. A vida de lagarta, casulo e borboleta é uma vida junto com seus irmãos. *Você* não é a borboleta. *Nós* somos a borboleta! O propósito eterno de Deus é cumprido em uma expressão corporativa de Seu Filho. E *você* é uma parte muito importante desta expressão.

Borboleta:
Voa Para a Liberdade
(Melodia: Hino Norte Americano)

Oh borboleta voa para a liberdade
Pois largaste a tua casca.
A tua beleza brilha para todos verem –
O Filho de Deus interior.

Oh borboleta, oh borboleta,
Pela graça abriste o teu caminho
E pelo sangue te tornaste nova,
A antiga já morreu!

Oh borboleta em vôo inicial
Tua jornada jaz à frente
Através de momentos alegres e de desertos
Serás conduzida pelo Espírito.

Oh borboleta, oh borboleta,
Permaneça como borboleta e vá
E mostre ao mundo o amor de Cristo
Derrotando todo inimigo.

Oh borboleta levanta a tocha
E contemple além dos anos
Os ocultos que buscam a Verdade
Alcance-os e cure suas lágrimas.

Oh borboleta, oh preciosa,
Porque tu tens a Semente
A geração que virá
Aguarda para ser libertada.

Linda Graff
13 de Janeiro de 2007

Esta obra foi composta em Book Antiqua e Black Chancery,
no formato 14 x 21 cm, mancha de 10 x 18 cm
A impressão se fez sobre Lux Cream 70g/m2,
capa em Duplex 250g, pela Gráfica Imprensa da Fé
no inverno de 2010 para a Editora Restauração